mare

Julien Blanc-Gras

DAS EIS BRECHEN

MEINE REISE IN DIE ARKTIS

Aus dem Französischen
von Annika Klapper

mare

Die Arbeit der Übersetzerin wurde durch den
Deutschen Übersetzerfonds gefördert.

Die Originalausgabe erschien 2016 unter dem Titel
Briser la glace bei Éditions Paulsen, Paris.

Copyright © Éditions Paulsen, 2016

1. Auflage 2020
© 2020 by mareverlag, Hamburg
Typografie und Satz Iris Farnschläder, mareverlag
Schrift Verdigris
Druck und Bindung CPI books GmbH, Germany
ISBN 978-3-86648-605-8

www.mare.de

KAPITEL 1

Einige Meter entfernt steht der Bär auf seinen Hinterbeinen und rührt sich nicht. Beim Anblick des obersten Glieds in der Nahrungskette halte ich den Atem an; das ist das Mindeste, was man tun kann, wenn man den König des Packeises anstarrt. Ich weiß, welche Kraft in diesen Zentnern aus Muskelmasse steckt, in diesen scharfen Krallen, die Robben (oder Menschen) zu enthaupten vermögen, in diesen Kiefern, die jeden Knochen in meinem Körper zermalmen können.

Ich trete einen Schritt vor, lasse ihn nicht aus den Augen.

Der Eisbär bewegt sich immer noch nicht.

Ich muss jetzt eine wichtige Entscheidung treffen.

Soll ich wegrennen oder mich tot stellen?

Brüllen und mit den Armen fuchteln?

Oder aber diese Postkarte kaufen, auf der das Wappentier der Arktis zu sehen ist, darüber der Schriftzug »Welcome to Greenland«?

Ich entscheide mich für Letzteres und warte brav an der Kasse des Duty-free-Shops. Meine Lage ist zwar deutlich ungefährlicher als eine echte Begegnung mit einem Eisbären, aber dennoch heikel: Vier Stunden muss ich bis zu meinem Anschlussflug totschlagen, und im Umkreis von 130 Kilometern hat keine einzige Bar geöffnet.

Das Konzept von Kangerlussuaq ist durchaus originell: ein Ort mit internationalem Flughafen mitten im Nirgendwo. Der Knotenpunkt des grönländischen Luftverkehrs, das Tor zu diesem Land, leistet sich nicht den Luxus einer Stadt, nicht einmal den einer Straße, die ihn mit der nächsten Stadt verbindet.

Einige Dutzend Hütten beherbergen die paar Einwohner, die alle mehr oder weniger vom Flugbetrieb abhängig sind. Eine Handvoll Souvenirgeschäfte, eine Jugendherberge, eine Post. Ein langes, rechteckiges Gebäude, laut Schild ein *pisiniarfik*. Der Klang dieses Wortes weckt meine Neugier, und ich gehe die wenigen Stufen hinauf zur Eingangstür. Ein Supermarkt. Langeweile ist ein starker Antrieb, also betrete ich den Laden und entdecke auf einem letztlich begrenzten Raum ein breit gefächertes Warenangebot aus Orangen, die nach nichts schmecken, Engelsfiguren aus Gips und Schrotflinten. Nur noch drei Stunden, dreißig Minuten bis zum Abflug.

In der Wartehalle des Flughafens wirbt der Schalter einer Reiseagentur für eine Tundra-Safaritour mit freier Sicht auf die Moschusochsen in der näheren Umgebung. Abfahrt sofort. Ich besteige einen Minibus zusammen mit einer deutschen Familie und einem dänischen Guide, der roboterartig sein Wissen über die Gegend abspult. Kangerlussuaq hat weniger als sechshundert Einwohner. Der Flughafen ist ein ehemaliger amerikanischer Militärstützpunkt, der während des Zweiten Weltkrieges eingerichtet und 1992 für einen symbolischen Dollar an Grönland abgetreten wurde. Den Standort hatte man aufgrund des stabilen Klimas ausgewählt. Die Lage auf halbem Weg zwischen Europa und den USA – ideal für das Betanken der Bomber – verlieh den Alliierten einen entscheidenden geostrategischen Vorteil im Kampf gegen die Nazis. Dieses Kapitel der Geschichte wird nicht ausreichend gewürdigt: Gäbe es Grönland nicht, wären wir jetzt alle in Germanien.

Heute gibt es keine Soldaten mehr in Kangerlussuaq, gerade mal einen Polizisten, nicht der Rede wert. Ein seltsames Gefühl, beim Herumgehen auf einem Flughafen nicht auf bis an die Zähne bewaffnete Patrouillen zu stoßen. Bloß ein misslicher Umstand, der sich so hinterlistig in unseren westlichen Alltag geschlichen hat, dass wir ihn schon gar nicht mehr wahrnehmen. Wir befinden uns im Krieg, ohne wirklich zu wissen, gegen wen, und wir finden uns resigniert damit ab.

Ich verjage diese düsteren Gedanken und lasse den Blick über die Landschaft schweifen. Entgegen einer weitverbreiteten Vorstellung ist Grönland nicht komplett von Eis bedeckt. Wir fahren weiter in die Tundra hinein. Die Erde ist braun und karg, ohne Bäume, die diesen Namen verdient hätten. Lediglich vom Wind gebeutelte Sträucher, Büsche, Moose und Flechten. Sie alle winden sich um Felsen, bedecken eine Hügellandschaft, die auf die ewig weiße Polkappe zuläuft.

»Zu Ihrer Linken sehen Sie den nördlichsten 18-Loch-Golfplatz der Welt.«

In den 1980er-Jahren haben die Piloten von Air Greenland diesen Platz geplant, offenbar um bei den Zwischenstopps nicht vor Langeweile zu vergehen. Heute liefert er den Reiseführern eine Anekdote, ein Mini-Weltrekord kann schließlich nicht schaden.

Der Bus hält am Ende einer Piste oben auf einem Hügel an, direkt vor einem von Kugeln durchsiebten Schild mit der Aufschrift »Jagen verboten«. Ich will Moschusochsen sehen (*Ovi-*

bos moschatus), wie mir versprochen wurde. Sein Name verrät es nicht, aber der Moschusochse zählt eigentlich zu den Ziegenartigen. Man würde ihn automatisch mit einem Yak oder Bison vergleichen, aber in Wahrheit handelt es sich um eine Ziege, die mit verdeckten Karten spielt: Ihr Fell schleift auf dem Boden, weil sie keinen Sinn für Ordnung hat. Die Grönländer nennen den Moschusochsen *Ummimak*, »das Tier, dessen Fell wie ein Bart aussieht«. In meinem Notizbuch halte ich fest: »Der Moschusochse – Dschihadist oder Hipster?« Weder noch, er ist eine 300 Kilogramm schwere Ziege, die ich trotz des Fernglases, das uns der Guide in die Hand gedrückt hat, nicht ausmachen kann. Es ist Sommer, Paarungszeit, der Moschusochse hat Besseres zu tun, als die Neugier der Touristen zu befriedigen, er muss seinen Rivalen ein paar kräftige Stöße mit den Hörnern verpassen, bevor er sich mit seinen Eroberungen vergnügen kann. Ich steige wieder in den Bus, ohne das Abbild eines Moschusochsen auf meiner Netzhaut.

Schöne Abzocke, diese Tundra-Safaritour, meckere ich vor mich hin und nehme im Flughafenrestaurant Platz. Aus Rache bestelle ich einen Moschusochsenburger, den ich voller Groll verspeise. Nur noch zwei Stunden bis zum Abflug.

Gut gesättigt lege ich mich auf die Restaurantterrasse, mit Blick aufs leere Rollfeld, und versuche, mich bei einer Siesta zu erholen. Ich trage nur ein T-Shirt, meinen Pulli habe ich ausgezogen, er dient als Kopfkissen. Doch nichts mit Schlafen, die Sonne knallt vom Himmel. Von mir aus kann es gern Mitte August sein, aber ich befinde mich hier nördlich des Polarkreises und komme um vor Hitze. Irgendetwas stimmt da nicht.

Mir bleibt nichts anderes übrig, als den kleinen Haufen Menschen im Transitbereich zu beobachten und daraus ein paar Erkenntnisse zu gewinnen. Ich bin kein Ethnologe, man sollte also nicht erwarten, dass ich die Verwandtschaftsverhältnisse in abgelegenen Gemeinschaften untersuche. Zwar hege ich für die altüberlieferten Weisheiten der Urvölker großen Respekt, aber trotzdem reiße ich mich nicht unbedingt darum, sechs Monate lang in einem Iglu zu hausen und mir traditionelle Sagen anzuhören, ganz zu schweigen davon, dass dies schon so manch einer vor mir versucht hat – und zwar ziemlich erfolgreich. Vorerst gebe ich mich damit zufrieden, eine knappe Nomenklatur der Flughafenbevölkerung zu erstellen. Diese gliedert sich in folgende drei Gruppen:

1. Die Einheimischen

Auf den ersten Blick unterscheidet sich ein Grönländer nicht wirklich von einem Spanier oder Kenianer. Wie alle Arten des Homo sapiens verbringt er den Großteil seines Lebens damit, auf einem Smartphone herumzutippen und dabei das Wetter zu kommentieren. Hier wie anderswo übt sich der Durchschnittsmann in der Nase bohrend in Geduld, ohne daran zu denken, dass andere ihm dabei zusehen könnten. Hier wie anderswo putzt sich die junge Frau heraus. Ich sehe eine Studentin mit grün gefärbten Haaren, Mädchen in engen Hosen, eine Jacke mit Leoparden-Print, Piercings. Hier wie anderswo trägt die Frau in den Wechseljahren oft einen Kurzhaarschnitt und Jogginganzug – Verführen gehört nicht mehr zu ihren Prioritäten.

Man muss kein Migrationshistoriker sein, um zu erkennen, dass ihre Vorfahren die Beringstraße überquert haben. Diese Gesichter würden in der Mongolei oder anderen Gegenden des Fernen Ostens nicht groß auffallen. Von dort kamen die Ahnen der Inuit nämlich vor etwa zwölftausend Jahren, als sie von Asien nach Nordamerika und später weiter nach Grönland wanderten, immer dem Wild hinterher, das schon damals infolge des Klimawandels weiterzog.

Der durchschnittliche Grönländer ist nicht sehr groß, man hat es eher mit stämmigen, gedrungenen und robusten Menschen zu tun. Ich schätze, ein Evolutionsforscher könnte beweisen, dass diese Physis der Anpassung an die Umgebung geschuldet ist, denn so ein tiefer Körperschwerpunkt verschafft einem auf dem rutschigen Packeis mehr Halt. Die Dame vor mir, die mit der Leopardenjacke, verfügt über eine Fettschicht, die sicherlich gut gegen Kälte schützt. Ich stelle auch fest, dass die Kombination Birkenstock mit Socken hier weit verbreitet ist. Das ist womöglich auf den historischen Einfluss Dänemarks zurückzuführen, was wiederum die These stützen würde, der Däne sei nicht weiter als ein Norddeutscher, wohingegen er uns glauben machen möchte, er sei ein Südskandinavier – und dies trotz kartografischer Eindeutigkeit.

2. Die Skandinavier

Unter den wartenden Fluggästen sind die Dänen die Riesen. Die Wissenschaft bestätigt meine Beobachtung: Die Dänen sind extrem hochgewachsen, genauso wie die Holländer. Überwiegend Männer, die allein und geschäftlich unterwegs sind, Aktenkoffer in der Hand. Sie nehmen eine postkoloniale Haltung ein, überlegen und befangen zugleich, leicht abgespannt und keineswegs aufgeregt angesichts der bevorstehenden Reise. Ihre Vorfahren hingegen kamen im 18. Jahrhundert mit Feuerwaffen, Lutherbibeln und einem ausgeprägten Handelssinn hierher. Drei Jahrhunderte später besitzt Dänemark noch immer die Hoheitsgewalt über dieses Gebiet, auch wenn Grönland inzwischen über weitgehende politische Autonomie und eine eigene Regierung verfügt.

3. Die Touristen

Die meisten von ihnen sind Backpacker aus aller Welt, schon jetzt von Kopf bis Fuß in North Face gekleidet, sodass sie sofort loswandern können, dabei werden sie in zwanzig Minuten erst einmal ins Flugzeug steigen.

Vorfahren haben sie keine. Denn in den Urlaub zu fahren, um im Morast herumzulaufen, ist eine erst spät aufgetretene menschliche Angewohnheit, deren Ursprünge in der zweiten Hälfte des 20. Jahrhunderts anzusiedeln sind.

So sieht also meine Ankunft in einem Land aus, in dem sich Ziegen als Ochsen verkleiden, jeder Minimarkt Knarren verkauft und wo man mit Gamaschen ins Flugzeug steigt. Auf einem Schild steht »Paris 4 Stunden, 25 Minuten« und »Nordpol 3 Stunden, 15 Minuten«.

KAPITEL 2

So unglaublich es auch scheinen mag: Ich bin nicht der Erste, der Grönland besucht. Eine ganze Menge Wikinger, Walfänger, Missionare, Entdecker, Forscher und Sportler haben diese Route vor mir abgesteckt. Die Erzählungen meiner mehr oder minder glorreichen Vorgänger haben unsere Vorstellungen geprägt. Unser Bewusstsein ist gespickt mit Bildern von Polarlandschaften. Hier ein Iglu im Schneesturm, dort ein paar armselige, alkoholsüchtige Eskimos und vom Aussterben bedrohte Eisbären auf schmelzenden Eisschollen. Die Realität ist natürlich nach wie vor nicht so einfach wie im Bilderbuch. Das darf man Bilderbüchern nicht übel nehmen, schließlich können diese sich nur schwer einer Welt anpassen, die sich für sie viel zu schnell verändert. Das ist der Grund, weshalb ich reise – um die Wirklichkeit ohne einen dazwischengeschalteten Bildschirm zu erfassen, wohl wissend, dass diese Wirklichkeit schon wieder Vergangenheit ist, sobald ich zur nächsten Etappe aufbreche.

Bisher galt mein Interesse eher den Tropen. Mich faszinierten die Klimazonen, in denen das Leben draußen stattfindet, wo kaum ein Unterschied zwischen Haus und Straße gemacht wird; mein Ziel war immer der Süden, die Gegenden, in denen man so leicht angezogen ist, dass man problemlos reisen, leben und lieben kann. Der Süden fördert die

Beweglichkeit, man tanzt, ohne eingeengt zu sein. Ohne den Norden wirklich zu kennen, habe ich ihn immer mit Starrheit verbunden.

Doch dieser Norden rührt sich nun. Nachdem die Arktis lange als exotisches Randgebiet galt, das lediglich Abenteurern vorbehalten war, sucht sie nunmehr neue Herausforderungen. Der Klimawandel verändert die Geografie. Mit dem Schmelzen des Packeises im Sommer öffnen sich Seerouten, erste vorsichtige kommerzielle und strategische Interessen machen sich bemerkbar. Die Touristen kommen in Strömen, die multinationalen Konzerne wittern reiche Schätze im lange Zeit gefrorenen Boden. Unter dem Eis die Dollars. Der Norden orientiert sich um.

Ich will ja nur meinen Kompass neu ausrichten und Fäustlinge anziehen. Es hat gereicht, dass ein Verleger mir vorschlägt, mich in den Norden zu verziehen, und schon überfliege ich die nördlichste Region der Erde.

Die Flugbegleiterin ist eine Wucht, mit ihren blauen, mandelförmigen Augen, einer nordischen, kokettierenden Katze gleich; trotzdem schafft sie es nicht, das draußen vor dem Fenster stattfindende Schauspiel in den Schatten zu stellen. Auf der einen Seite des Flugzeuges: der Eisschild – oder auch Polkappe –, der den Hauptteil des Landes mit einer Tausende von Metern dicken Schicht bedeckt. Milliarden Kubikmeter Eis, der zweitgrößte Süßwasserspeicher der Erde. Die Kälte lähmt hier jeglichen Versuch aufkeimenden Lebens. Eine Märchenlandschaft, die einen blendet. Unendliches Weiß, durchzogen vom blauen Aufblitzen der Gletscherbäche. Ein Bild beinahe verstörender Unberührtheit, eine Landschaft, an deren Realität Zweifel aufkommen. Sind wir in ein Paralleluniversum geraten? Ganz durcheinander vom Anblick dieses unerreichbaren Wunders, wechsle ich den Platz und setze mich ans Fenster auf der anderen Seite des Ganges, wobei mich die Katzendame anmeckert.

Auf dieser Seite: das Meer, auf dem ich schon bald fahren werde. Grönland ist eine Insel, flächenmäßig sogar die weltweit größte. Unter mir liegen mehr als zwei Millionen Quadratkilometer Land. In dieses Land, das nicht wirklich eins ist, würde Frankreich viermal hineinpassen, dabei hat es weniger Einwohner als die Gemeinde Bourg-en-Bresse mit Umland. Die Gesamtbevölkerung Grönlands hätte in einem Stadion Platz. Sie konzentriert sich auf den schmalen, schwer zugänglichen Streifen Land, der sich zwischen festem und flüssigem Wasser entlangschlängelt. Dort unten kann man Fjorde ausmachen, tiefe Einschnitte im Boden, Seen, die sich in ihn eingraben; man erkennt, wie das Wasser sich bewegt und seinen Aggregatzustand ändert, um eine Landschaft zu erschaffen, aus der vereinzelt Lebenszeichen auftauchen, die sich in der unendlichen Weite verlieren. Kleine Punkte, die aufgrund der fehlenden Straßen nur über Luft- und Wasserwege miteinander verbunden sind, Orte menschlicher Wärme, hier und da entlang der Küste verstreut. Der kleine Punkt, wo wir gleich landen werden, ist die Hauptstadt.

KAPITEL 3

Mit seinen stolzen 17 000 Einwohnern wird Nuuk vom Tourismusbüro mit dem Titel »Metropole der Arktis« bedacht. Und es stimmt, dass man hier Läden mit iPads findet, Museen, ein Viersternehotel, ein Sushi-Restaurant, ein thailändisches Massagestudio und ein nachgemachtes Starbucks-Café. Das Tourismusbüro erwähnt es zwar nicht, aber Nuuk ist vor allem für seine Betonklötze bekannt – eine architektonische Entgleisung und eine Katastrophe fürs Auge, Schandmale einer von den dänischen Behörden in den 1950er-Jahren eingeführten stadtorientierten Siedlungspolitik. Einfacher zu verwalten. Man nehme einen Fischer aus einem Dorf mit traditioneller Lebensweise, stecke ihn in einen Schuhkarton und mache aus ihm einen Arbeitslosen mit Fernseher in der Stadt. Und das Ganze mehrere Tausend Male. Das Ergebnis sind soziale Auswirkungen und ein Ruf, der logischerweise darunter leidet.

Nuuk ist allerdings nicht der Albtraum, als der mir diese Stadt geschildert wurde. Die Hauptstadt Grönlands ist ein netter Ort mit Hafen, einem ordentlichen Straßennetz, einem einzigen Kino, mit Beamten, die ihr Büro verlassen, durchs Einkaufszentrum bummeln und dann in ihr buntes Häuschen zurückkehren, wobei sie ihren Nachbarn herzlich grüßen. Nuuk wirkt wie eine Mischung aus, sagen wir, dem eisigen Überseegebiet Saint-Pierre-et-Miquelon und La Courneuve mit seinen Betonklötzen.

Ich habe eine bewährte Methode, um mich direkt nach Ankunft mit der Seele eines Ortes vertraut zu machen. Ich verlasse den Flughafen und gehe in die nächste Kneipe. Das habe ich von Baku bis Valparaíso ausprobiert, und ich bin nie enttäuscht worden; dabei ergibt sich immer etwas: ein erstes Abtasten der lokalen Vorlieben, eine Spur, der es zu folgen gilt, manchmal auch Freundschaften.

Ich betrete das erste Lokal, auf das ich stoße, und mache sofort wieder kehrt, denn dort sitzen ausschließlich große, blonde Typen. Ich habe nichts gegen große, blonde Männer, aber heute suche ich etwas anderes.

Ich gehe über die Straße und öffne die Tür vom Max; dieses Lokal bietet den Vorteil, dass es eine landestypischere Klientel anzieht. Max ist ein Pub. Holzverkleidung, Darts und ein gigantischer Bildschirm, auf dem ein deutsches Handballspiel gezeigt wird. Kiel liegt nach der ersten Halbzeit drei Tore zurück. An der Bar geht es lautstark hin und her, wie in allen Kneipen dieser Welt, in denen man etwas Entspannung sucht und sein Hirn betäubt. Ein Paar um die fünfzig liegt sich zärtlich in den Armen. Drei Frauen spielen an der Theke Schere, Stein, Papier und leeren dabei ein Schnapsglas nach dem anderen. Der Besitzer begrüßt mich, und dann spricht mich ein Stammgast an. Sehr schön, schließlich bin ich deshalb hergekommen. Doch leider weist unser Vokabular nur wenige Überschneidungen auf. Grönländisch, die offizielle Sprache, hat keine indogermanischen Wurzeln. Wie alle eskimo-aleutischen Sprachen ist sie polysynthetisch und ergativ. Ich wusste nicht wirklich, was das bedeutet, bevor ich mich informiert hatte, und nachdem ich mich nun informiert habe, weiß ich es immer noch nicht*. Was ich empirisch feststelle, ist, dass die Wörter aus etwa dreißig Buchstaben bestehen können und aus Phonemen, deren Bildung mein Kehlkopf nicht zulässt. Ich habe mir Mühe gegeben und kann nun »Guten Tag«, »Danke schön«, »Ich heiße Julien und bin Franzose« sagen. Das ist mein aktuelles Maximum. Meine Kenntnisse des Dänischen, das bis 2009 offizielle Sprache war, lassen zu wünschen übrig – seit Ewigkeiten habe ich Kierkegaard nicht im Original gelesen.

Offenbar versucht es mein Thekennachbar mit Englisch, auch wenn ich das wegen seiner merkwürdigen Sprechweise nicht mit Sicherheit sagen kann. Unser Gespräch dauert gute zehn Minuten, der Typ gibt Laute von sich, und ich wiederhole »Tut mir leid, Kumpel, ich verstehe nichts«. Vier Mal schüttelt er mir die Hand, ich stoße fünf Mal mit ihm an, um die Unmöglichkeit unseres Austausches zu überspielen und mein Wohlwollen zum Ausdruck zu bringen. Er klopft mir auf die Schulter, und ich beende das Ganze, indem ich pinkeln gehe.

Als ich aus der Kabine herauskomme, merke ich, wie jemand mir in den Schritt fasst. Ich schaue hoch. Eine alte Schachtel, über fünfzig, pausbäckig, mit Brille. Gut gelaunt. Ich muss unbedingt dran denken, mir Notizen zu den hiesigen, recht direkten Verführungstaktiken zu machen. Schnell begreife

---

* Wikipedia: »Ergativ-Sprachen verwenden für das Subjekt eines intransitiven Verbs und das Patiens eines transitiven Verbs denselben grammatikalischen Fall, der Absolutiv genannt wird und insofern dem Nominativ in Akkusativsprachen entspricht, als er meistens unmarkiert bleibt.« Gleich viel klarer, oder?

ich jedoch, dass sie keinerlei sexuelle Absichten verfolgt. Sie will mich lediglich darauf hinweisen, dass ich einen Penis habe (was ich wusste) und dass ich hier, auf der Damentoilette, nichts zu suchen habe. Sie zeigt auf das Schild, das ich zuvor nicht entschlüsseln konnte. Ich weiß nicht, was »Frau« auf Grönländisch heißt. Entschuldigung, die Dame (aber wenn du mich noch einmal so begrapschst, rufe ich um Hilfe).

Kurz darauf belagert mich eine isländische Touristin, die ihre riesigen Brüste unter einem Anorak versteckt. Schon mit ihrem zweiten Satz eröffnet sie mir, sie sei Dichterin.

»Glaubst du an Elfen?«

Irgendwo habe ich mal gelesen, dass zwei Drittel der isländischen Bevölkerung an Elfen glauben.

»Natürlich nicht«, antwortet sie.

Sie trinkt einen Schluck Carlsberg.

»Obwohl, eigentlich doch.«

Perfekte Antwort. Diese Frau erfasst die Vieldeutigkeit des Realen. Der Rang einer Dichterin gebührt ihr. Ich will sie gerade nach den Grundlagen der skandinavischen Mythen fragen, als uns Martina unterbricht – eine kleine Person mit den kürzesten Armen, die ich je gesehen habe. Als Nächstes gesellt sich Maria zu uns; sie hat den größten Kopf nördlich des Äquators. Das Casting ist abgeschlossen, ich zahle die Runde. Maria will unbedingt ein Selfie machen. Das Ergebnis ist krass: Auf dem Bild sieht ihr Kopf sogar doppelt so groß aus wie meiner. Martina ist aufgekratzt, sie besteht darauf, jedem am Tisch ihre Telefonnummer zu geben. Maria hingegen schwankt zwischen heiteren und rachsüchtigen Momenten.

Ohne Vorwarnung beschimpft sie die Dichterin.

»Einmal hat mich ein Isländer Eskimo genannt!«

Alkohol wirkt Wunder – mir wird klar, dass ich Grönländisch verstehe:

»Er hat mich Eskimo genannt!«

Sie hebt die Faust. Die Dichterin, unschuldig, obwohl Isländerin, weicht ein Stück zurück. Marias Faust knallt auf die Tischplatte.

Zeit für einen semantischen Exkurs. Eskimo kommt angeblich aus dem Algonkin und bedeutet »Jemand, der rohes Fleisch isst«, oder von einem Ausdruck der Mi'kmaq-Indianer, den man mit »Jemand, der eine fremde Sprache spricht«, übersetzen kann. Mit Eskimo bezeichnet man die Gesamtheit der alteingesessenen Völker der Arktis. Heute gilt der Begriff als abwertend, daher Marias bierseliger Wutausbruch.

Inuit heißt »Menschen«. Diese Bezeichnung umfasst die arktischen, autochthonen Völker von Nordamerika und Grönland. Es wäre allerdings überaus verallgemeinernd, die Grönländer Inuit zu nennen, denn hier lebt überwiegend eine Mischung aus verschiedenen Völkern. (Andererseits, sind wir nicht alle Mischlinge?) Ein paar Jahrhunderte Austausch mit Europa haben die seit Generationen verbreiteten Blondhaarigen mit hellen Augen hervorgebracht. Grönländer ist also jeder, der in Grönland lebt (ausgenommen Ausländer und Dänen vom Festland), ganz gleich welchen Phänotyps.

Als das Gespräch dank einer neuen Runde Bier wieder in friedlichen Bahnen verläuft, verabschiede ich mich und verschwinde nach draußen, was schwieriger ist als gedacht, denn Martina will mich mit ihren kurzen Armen davon abhalten. Die Hauptstraße von Nuuk ist leer. Es ist fast zweiundzwanzig Uhr, und die Sonne, die nicht für alle in gleicher Weise scheint, weigert sich unterzugehen.

KAPITEL 4

Das Grönländische Nationalmuseum ist menschenleer. Die Geschichte der Insel ist ausschließlich mir vorbehalten. Seit vor fünfundvierzig Jahrhunderten die ersten Migranten aus Amerika anlegten, gab es mehrere, kaum erforschte Besiedlungswellen, bis schließlich die Dänen kamen, über die wir ziemlich gut Bescheid wissen. Seit vorgeschichtlicher Zeit haben Menschen hier in Zelten gelebt, in Hütten aus Torf und in Iglus, und die verschiedenen Zeitalter in einem Gebiet überstanden, das wenige Ressourcen, dafür aber viele Einschränkungen zu bieten hatte. Lange Zeit wusste die übrige Welt nichts von ihrer Existenz, und umgekehrt war es genauso. Sie hinterließen Spuren ihres Erfindungsreichtums: Kajaks, Harpunen, Schlitten, eine Vielzahl nützlicher Geräte zur Erhaltung der Spezies bei minus dreißig Grad. Das Highlight des Museums sind die Mumien von Qilakitsoq, seit dem 16. Jahrhundert erstaunlich gut erhalten und recht unheimlich – ich war schließlich nicht hergekommen, um Kinderleichen zu sehen. Was Gruseliges anbelangt, schaue ich mir lieber die *tupilak* an, kleine, aus Elfenbein geschnitzte Figuren, welche die bösen Wesen aus der Mythologie der Inuit darstellen. Der *tupilak* tötet seine Opfer, indem er sie verschlingt. Da läuft es einem eiskalt den Rücken hinunter, und das kann man in diesem Land wirklich nicht gebrauchen.

Als ich wieder aus den archäologischen Tiefen des Museums auftauche, klettere ich auf einen Hügel in der Hoffnung, einen Blick in die Zukunft zu erhaschen. Ich stehe zu Füßen der Statue des Missionars Hans Egede, der die Stadt im Jahr 1729 gründete. Er gab ihr den Namen Godthåb. Gute Hoffnung.

Was genau hast du dir denn erhofft, lieber alter Hans? Hast du dir das ausgemalt, was ich gerade mit meinen Augen sehe? Wolken klammern sich an die verschneiten Berggipfel, die über die Stadt wachen. Schon zu deiner Zeit waren die Berge hier, genauso wie die Felsen im alten Hafen, um die herum du deine Hoffnung aufgebaut hast.

Dass dieser Wolkenkratzer hier gebaut wird, hast du dir sicher nicht vorgestellt. Mindestens zehn Stockwerke, in den ersten beiden ein Einkaufszentrum, dessen Rolltreppen einen mühelos zu einer Vielzahl von Produkten bringen, die nichts zum Erhalt der Spezies beitragen.

Dich hätte dieses andere Gebäude erstaunt, mit seiner den Polarlichtern nachempfundenen, geschwungenen Fassade, das Kulturzentrum in perfekt dänischem Design; die Plakate kündigen ein Konzert von Dr. Alban an, eine Eurodance-Berühmtheit der 1990er-Jahre. Das hast du, glaube ich, nicht kommen sehen, mein lieber Hans.

Ein Tag in Nuuk reicht aus, um zu verstehen, dass sich Grönland in den letzten fünfzig Jahren mehr verändert hat als in den fünfzig Jahrhunderten zuvor. Ich bleibe noch ein bisschen im Café des Kulturzentrums, um mit Studenten zu reden, die Caffè Latte vor ihren Macs schlürfen. Sie sind ständig auf Facebook, beherrschen zwei oder drei Fremdsprachen, haben Kreativprojekte und berufliche Ambitionen. So sieht sie aus, die Zukunft.

Die Zukunft entscheidet sich auch einen Katzensprung von hier entfernt, im Parlament, wo maßgebliche Debatten zur zukünftigen Erschließung der Bodenschätze und zu den Bedingungen einer eventuellen Unabhängigkeit geführt werden. Dänemark wahrt bis heute seine königlichen Vorrechte – Währung, Justiz, Verteidigung und internationale Beziehungen –, aber die Angelegenheiten Grönlands liegen inzwischen in den Händen der Grönländer.

Auf der anderen Straßenseite stehen Betonklötze mit Sozialwohnungen, in denen Menschen wohnen, die schlecht Dänisch sprechen und deren Kinder nicht studieren werden. Ich schleiche mich in eines der heruntergekommenen Treppenhäuser, das mit Graffiti (in erster Linie Schwänze, ein universelles Motiv) beschmiert und mit »Urinieren verboten«-Schildern verziert ist; dem eindeutigen Geruch nach zu urteilen, werden sie ihrer Aufgabe nicht gerecht. Auf einer Wand wurde ein »FUCK«-Graffito mit einem Herzen umrandet. Teenager in Kapuzenpullis hängen am Eingang eines Fast-Food-Restaurants herum und rauchen Hasch. Ab und an treten sie lustlos gegen einen Ball, kämpfen eher gegen die Langeweile als gegen die Kälte.

KAPITEL 5

Grönland ist das Musterbeispiel für den Klimawandel. Politiker, Filmstars und selbst ernannte Weltretter pilgern vorzugsweise mit einem Fernsehteam im Schlepptau hierher, um beim Anblick der triefenden Gletscher eine Träne zu verdrücken. Der Treffpunkt ist der Sermeq Kujalleq in der Nähe von Ilulissat (oder Jakobshavn, denn jedes Kaff hier hat zwei Namen, einen zeitgenössischen und einen kolonialgeschichtlichen), der Hauptstadt des Tourismus in Grönland, 600 Kilometer nördlich von Nuuk. Der Sermeq Kujalleq ist der wichtigste Gletscher der nördlichen Hemisphäre. Er stößt unzählige Eisberge ab und zieht Klimatouristen an. Wir wollen unbedingt die Schönheit einer Welt, die in Stücke zerbricht, bewundern und angesichts der Katastrophen, die sich vor unseren Augen abspielen, erschaudern.

Ich will diesen Gletscher unbedingt sehen – das muss aber noch warten. Als ich am Flughafen von Ilulissat ankomme (wo ein Schild darauf hinweist, dass Pfeife rauchen verboten ist), nehme ich ein Taxi; ich steige beim Hafen aus, springe über eine Reling, grüße drei mir unbekannte Männer, mache die Leinen los und fahre gen Norden. Ich stehe am Ruder eines Segelschiffs, der salzige Seewind bläst mir ins Gesicht, und ich spüre das beginnende Abenteuer auf der Haut.

Kaum haben wir den Hafen hinter uns gelassen, schlängle ich mich zwischen Eisbergen hindurch, in direktem Kontakt mit den Elementen. Fast kann ich die Berge aus Eis berühren. Ich, der Mensch, bin den Wogen des Schicksals ausgeliefert, und dies im Angesicht der Naturgewalten. Herbei, Conrad und Melville!

Diese berauschende Erfahrung dauert eine Minute, genug Zeit, um ein Foto zu machen, dann kommt der Kapitän und übernimmt, schließlich soll das Schiff nicht kurz nach dem Ablegen untergehen. Um die folgenden Ereignisse zu verstehen, muss man wissen, dass ich über keinerlei nautische Kenntnisse verfüge. Ich habe sehr wohl einige Klassiker der Seefahrerliteratur gelesen, im Warmen unter der Bettdecke, aber das macht einen noch lange nicht zu Éric Tabarly. Natürlich war ich schon auf allen Ozeanen unterwegs, an Bord von Fähren, Passagierdampfern oder ozeanografischen Forschungsschiffen. Vor Madagaskar bin ich auf einem Schlauchboot dem Tod nur knapp entkommen, im Golf von Oman habe ich von einer Dau aus Delfine beobachtet, vor Japan auf hoher See an Bord einer Jacht Sushi gegessen. Kap Hoorn habe ich als Tourist besucht, und ich bin auf dem Lac de Serre-Ponçon – dem schönsten See Frankreichs – Wakeboard gefahren. Auf einem rostigen, nach Benzin stinkenden Fischkutter in der Straße von Mosambik ereilte mich die Seekrankheit, während meinem Begleiter, einem ukrainischen Wissenschaftler, sogar speiübel wurde. Kurzum, ich war schon auf vielen Schiffen, aber ich bin ein Süßwassermatrose und kann nicht einmal einen Palstek knoten.

Trotz meiner Unerfahrenheit befinde ich mich nun an Bord des perfekten Segelschiffs: ein Périple 50, fünfzehn Meter lang, der Rumpf aus doppelwandigem Aluminium, dank der einziehbaren Schwerter und Ruderblätter, die für weniger Tiefgang sorgen, bestens geeignet für die Fortbewegung im Polarmeer. Ein Schmuckstück der Meere, dessen Anblick die Augen von Globetrottern zum Strahlen bringt. Selbst einer Landratte wie mir wird bewusst: Das da ist ein verdammt tolles Schiff. Zwei Segel, ein Motor mit 115 PS, Hightech-Ausrüstung, und statt einer Fahne wurde spaßeshalber ein Rentiergeweih am Heck angebracht.

Atka, der Name des Schiffs, bedeutet Eisbrecher, aber auch »Wächter über die Geister« in der Sprache der Inuit. Dieses Schiff gehört einem echten Abenteurer, der alles darangesetzt hat, es in eine fahrende Künstlerresidenz zu verwandeln. Ein in den Norden Verliebter, den der Wunsch antreibt, seine Leidenschaft zu teilen.

In der vorigen Woche beherbergte die *Atka* einen russischen Fotografen, der für gewöhnlich Stars aus Hollywood vor der Linse hat (ein paar Tage später sollte er George Clooney ablichten), und eine Wodka-Vertreterin (den Grund für ihre Anwesenheit habe ich nicht ganz verstanden), die es nicht lassen konnte, im Bikini mit Eisbergen im Hintergrund zu posieren. Später soll das Schiff noch weitere Gäste aufnehmen, Musiker, Regisseure oder Zirkuskünstler. Doch jetzt ist erst einmal der Autor dran. Der Verleger dieses Buches, ein Freund des Schiffseigentümers, hat einen Platz an Bord für mich ergattert, ein Maler ist noch mit von der Partie.

Unsere Besatzung besteht also aus zwei Gauklern und zwei Seeleuten. Vier Unbekannte gehen an Bord eines Schiffes und werden die kommenden Wochen auf begrenztem Raum zusammenleben. Schwer zu sagen, ob wir einander zerfleischen, beste Freunde oder vor Langeweile sterben werden.

Der anfänglichen Aufregung mischt sich etwas Skepsis bei. Das hier sind nicht die ruhigen Gewässer des Golfe du Lion, wo Neptun sich, selbst in wütenden Phasen, nicht allzu sehr austobt. Wir fahren auf 69 Grad nördlicher Breite los, überall stellen sich uns Eisberge in den Weg, die klimatischen Bedingungen in diesem Gebiet sind wechselhaft und neigen zu Extremen. Trotzdem setze ich mein ganzes Vertrauen in diese Seeleute – wahrscheinlich, weil ich keine andere Wahl habe. Sie sind Bretonen, ein gutes Zeichen. Auch wenn ich mich damit der ethnischen Diskriminierung schuldig mache, muss ich gestehen, dass ich mich in den Händen von Matrosen aus der Auvergne oder dem Elsass nicht so sicher fühlen würde. Die Skipper sind etwas über dreißig und wirken schon verdammt erfahren. Jede Menge Fahrten nach Übersee, Expeditionen in die Antarktis oder nach Spitzbergen, Einsätze an Bord illustrer Dampfer. Diese zwei zerzausten Kerle mit gutmütigen Gesichtern und ehrlichem Lächeln teilen sich die Aufgaben an Bord, ohne auf den Rang zu achten, auch wenn einer streng genommen der Kapitän ist und der andere der Erste Offizier. Das Duo ergänzt sich harmonisch, die gemeinsamen Wochen auf hoher See haben die Männer zusammengeschweißt und es ihnen ermöglicht, sich aufeinander einzustellen. Die erste Crew, die die *Atka* von La Rochelle bis Nuuk überführt hat, wurde von ihnen abgelöst. Zwei Monate werden sie zusammenleben und dann an eine neue Besatzung übergeben.

An Bord eines Schiffes tritt die Persönlichkeit eines Menschen schnell zutage. Der Kapitän ist ruhig, überlegt und hat einen trockenen Humor. Der Erste Offizier hingegen ist ein Energiebündel, nimmt kein Blatt vor den Mund, ein Instinktmensch, immer unter Spannung, stets in Bewegung und zum Scherzen aufgelegt. Obwohl er Künstler ist, hat der Maler das Wesen eines Seebären. Er hat sein Leben auf dem Wasser verbracht, um Farben und Formen aufzustöbern und diese auf Leinwand zu bannen. Ein Poet der Palette, er führt das große Wort mit tiefer Stimme und sprudelt nur so über vor Geschichten, die er auf sämtlichen Breitengraden erlebt hat. Mit dem von Abenteuern gezeichneten Gesicht und schütteren Haar nähert er sich der sechzig, doch wir werden schnell merken, dass er womöglich der Jüngste von uns ist.

Ich hatte Angst davor, auf eine Besatzung bestehend aus wortkargen Eigenbrötlern zu stoßen, die ihre Probleme mit sich selbst ausmachen. Dazu ist es nicht gekommen. Meine Mitreisenden entsprechen überhaupt nicht dem Klischee des griesgrämigen Matrosen.

Binnen weniger Minuten war mir klar, dass wir uns nicht gegenseitig umbringen werden. Diese drei Männer sind genauso froh wie ich, hier zu sein, und von Anfang an pflegen wir einen wohlwollenden Umgang miteinander. Wir kennen uns noch nicht, aber wir wissen, wir gehören derselben Zunft an; jener der Getriebenen, die verkümmern, wenn sie nicht umherwandern, und die im Reisen ihr Gleichgewicht finden.

KAPITEL 6

Wir haben Karten, aber keine Pläne. Das macht den Charme dieses Abenteuers aus. Ein paar Wochen werden wir an der Westküste Grönlands entlangschippern, in der Diskobucht, die als die schönste der Insel gilt. Wir fahren dahin, wo es uns hinzieht, und dürfen uns sogar spontan umentscheiden. Das offene Meer steht nicht auf dem Programm. Wir werden zu jeder Zeit Land, Wasser (das lässt sich nicht vermeiden) und Eiswürfel im Blick haben – so nennen wir sie jetzt liebevoll, vielleicht auch, um ihnen etwas von ihrer erschreckenden Größe zu nehmen.

Ich habe schon Eisberge gesehen, in Filmen. Ich wusste, dass es sich dabei um riesige Brocken handelt, die ganze Ozeandampfer versenken können – seit 1912 hat der Eisberg einen schlechten Ruf. Wir müssen uns in Acht nehmen: Der Eisberg, der die *Titanic* zum Sinken brachte, stammte womöglich von den hiesigen Gletschern. Ohne die von ihm ausgehende Gefahr kleinreden zu wollen, möchte ich an dieser Stelle versuchen, den Eisberg zu rehabilitieren, denn es wäre unfair, ihn auf den Status eines Serienkillers zu reduzieren. Nähern wir ihm uns also vorsichtig und beschreiben ihn zunächst klinisch – mit kühler Distanz, wenn ich das so sagen darf. Laut meinem Lexikon handelt es sich um einen »Klumpen Süßwassereis, der sich von einem polaren Gletscher oder vom Schelfeis ablöst, auf das Meer getrieben wird und allmählich schmilzt, meist infolge der globalen Erwärmung«.

Das Lexikon kann einen ästhetischen Schock nicht wiedergeben und hilft mir somit nicht weiter. Ich möchte mich dem Eisberg über seine erhabene Erscheinung annähern, das Majestätische an ihm festhalten. Ich beneide den Maler, der genau das abbilden kann, während ich nur zu beschreiben vermag. Mich überkommen Zweifel. Ist dieses Unterfangen vielleicht zum Scheitern verurteilt? Worte unterliegen nicht der Schwerkraft und kommen gegen Kolosse nicht an. Die Inuit haben offenbar hundert Wörter (oder tausend, je nach Auslegung), um das Eis und seine verschiedenen Formen zu bezeichnen. Die französische Sprache ist im polaren Bereich recht dürftig ausgestattet, und so stehen mir kaum Synonyme zur Verfügung. Eis ist eben Eis.

»Oh nein, Freundchen, da machst du es dir zu leicht«, flüstert mir eine innere Stimme zu, nämlich die meines schlechten literarischen Gewissens. Lass dich nicht unterkriegen, wage wenigstens einen Versuch, auch wenn du dafür die Klassiker bemühen musst. Der Eisberg ist vielgestaltig, und wie die Nase von Cyrano de Bergerac lässt er sich auf mannigfaltige Weise charakterisieren.

Warnend: »Wird's Meister Eisberg mal zu kalt, dann rächt er sich, die Faust geballt.«

Dramatisch: »Wenn der schmilzt, steigt das Weiße Meer!«

Aggressiv: »Träfe ich einen solchen Eisberg, Herr, wie Sie, dann würd' ich ihn auf der Stelle in die Luft sprengen lassen!«

Beschreibend: »Welch ein Fels! Ein Berg zum Schattenspenden. Ach nein, was sag ich? Berg? Ein Bergmassiv ist das!« (Hier muss man nichts umschreiben, das passt sowohl zum Riechorgan als auch zum Eisberg.)

Der Eisberg ist nicht zu fassen. Er füllt unser Sichtfeld aus, aber entzieht sich unserem Blick. Er ist überall, aber wir nehmen nur einen winzigen Teil von ihm wahr. Schamhaft verbirgt er den Großteil seiner Masse unter Wasser.

Ein Eisberg lässt sich in Kategorien einteilen und mit einer eigenen Terminologie versehen. Wenn er winzig ist, heißt er Growler, und man spricht von Trümmereis, sobald er zerfällt. Ein Eisberg ist tafelförmig, wuchtig, erodiert, abgeschrägt, hat die Form einer Kuppel oder eines Turms. Ein Eisberg kann erstaunlich flach sein, durchlöchert oder durchbohrt, wie ein Tunnel. Abwechselnd steil abfallend, überhängend, zum Skifahren geeignet, aus mehreren Schichten bestehend, glänzend oder triefend nass. Man unterscheidet spitz zulaufende Eisberge, sogenannte Spitzenprodukte, Eisberge, die überbrücken, und Eisberge, die unterwandern. Titanen und Pygmäen. Alte wie Herodes und Neugeborene. Jungfräuliche, Pickelübersäte, Milchige, Schwarze, Zweifarbige. Manche enthalten Streifen von Erdrückständen oder Sandspuren, andere schimmern in Türkistönen.

Wie die Wolke, so präsentiert sich auch der Eisberg dem andächtig Schauenden: Dessen Fantasie entscheidet, was er in ihm sieht. Eisberge in Form eines Pilzes, Leguans oder einer Ente. Eines Katamarans, eines U-Boots, in Form von Pikachu oder General de Gaulle.

Ich hüte mich davor, ihnen eine Seele zuzusprechen, dafür bin ich noch nicht ausreichend vom Animismus der Inuit geprägt. Momentan sehe ich sie als Reisegefährten.

Bleiben wir schön auf dem Boden der Tatsachen, auch wenn wir gar keinen Boden unter den Füßen haben.

Letztlich ist es bloß Wasser.

Süßwasser und ein Mysterium.

KAPITEL 7

Eine Robbe treibt im Wasser, festgemacht am Anlegesteg. Ganz still. Sie hat zwei rote Löcher in der Seite. Ich gehe an Land, hüpfe vor Begeisterung und betrete mein erstes grönländisches Dorf. Rodebay (oder Oqaatsut), rund zwanzig Häuser auf einer Halbinsel, ein paar Meilen von Ilulissat entfernt. Wir mussten weit in die kleine seichte Bucht hineinfahren und dabei auf den mit Steinen gespickten Grund achten. Auf Höhe des Dorfes sind wir vor Anker gegangen und anschließend mit dem Schlauchboot ans Ufer gelangt.

Rodebay: Graswachsene, mit Brettern abgedeckte Wege führen zu bunten Häusern auf felsigem Gelände. Keine Straßen, keine Autos. Im Sommer bewegt man sich mit dem Boot fort, im Winter mit dem Schlitten oder dem Schneemobil. Die Schlittenhunde der Rasse Grönlandhund sind neben den Häusern angebunden und kläffen, als wir vorbeigehen. Mitten im Dorf steht ein Gerüst zum Trocknen der Fische. Jeder hier hat ein Boot, denn jeder hier ist Fischer. Vor der Tür eines leer stehenden Hauses liegt ein ramponiertes Schlagzeug, mit kleiner Trommel und Becken. Vielleicht lief ein Konzert aus dem Ruder. Der *pisiniarfik*, ein staatlicher Laden, versorgt die Menschen mit dem Lebensnotwendigen (Zucker, Tampons, Munition). Heute ist Sonntag, er ist geschlossen. Auf einer Anhöhe lädt eine einsame Bank dazu ein, das überwältigende Panorama auf sich wirken zu lassen, ein Meer aus Eisbergen auf der einen Seite, ein Gebirge auf der anderen, Pracht und Herrlichkeit überall.

Der Kapitän ist an Bord geblieben, um ein paar kleinere Wartungsarbeiten durchzuführen. Der Maler macht sich auf in höhere Lagen, das Skizzenheft in der Hand, auf der Suche nach Inspiration. Der Erste Offizier widmet sich mit seiner Nikon bewaffnet den Welpen – gegenwärtig die einzigen feststellbaren Anzeichen von Leben. Es ist mild, etwa fünf Grad, die Sonne scheint, aber niemand hält sich draußen auf. In den Tropen macht man Bekanntschaften, wenn man auf der Straße herumspaziert. Hier muss man an Türen klopfen und sich Mühe geben, um Kontakte zu knüpfen.

Es ist der Tag des Herrn. Ich gehe in Richtung Kirche, dort sollten die Türen offen sein. Auch wenn ich mich als Agnostiker mit einem Hang zur Kirchenfeindlichkeit bezeichne, suche ich immer das Haus des örtlichen Gottes auf, wenn ich irgendwo angekommen bin. Wir befinden uns auf lutherischem Boden, die Dänen haben ihre Religion importiert, diese hat sich über den zuvor herrschenden Animismus gelegt und so zu Synkretismus in den Denkstrukturen geführt. In der kleinen Kapelle sind sechs Gläubige und ein Pastor zusammengekommen. Er hält Gottesdienst auf Grönländisch, eine Sprache, die ich nicht verstehe, wenn ich nüchtern bin. Kerzen und Neonröhren spenden Licht für die Anbetung Gottes, der (vielleicht oder vielleicht auch nicht) diesen Ort erschaffen hat. Ein Kind gähnt, die Erwachsenen singen, in einer Ecke wartet geduldig zwischen Schulbänken ein Kicker. Unter der Woche ist die Kirche eine Schule. Lange Zeit hatte der Klerus das Bildungsmonopol in Grönland inne.

Der Gottesdienst zieht sich. Ich bin kurz davor einzunicken (möge derjenige, der noch nie in einem grönländischen Gottesdienst geschnarcht hat, den ersten Stein auf mich werfen), als der Pastor endlich seine Bibel einpackt. Ich stürze mich auf ihn, er muss gut informiert sein über die Seele seiner Artgenossen. Leider spricht der Pastor kein Wort Englisch. Doch immerhin schafft er es, mir das Haus eines gewissen Steeny zu zeigen, der Englisch kann und der Freund eines Freundes eines Typen ist, den unsere Besatzung am Vortag in Ilulissat getroffen hat.

Bei dem Gerüst zum Trocknen der Fische treffe ich mich mit dem Ersten Offizier, und wir klopfen an die Tür eines blauen Hauses. Steeny erscheint auf dem Treppenabsatz: zusammengekniffene Augen, schlanker Körper, schmaler Schnurrbart und kurze Haare. Ich erkenne ihn wieder, er saß in der Kirche neben mir.

»Hallo, wir sind gekommen, um Hallo zu sagen.«
»Ah, okay. Wollt ihr einen Kaffee?«

Dieser so harmlos wirkende Satz hat Gewicht, denn er geht auf eine lange Tradition zurück. Der *kaffemik*, ein Treffen zu Hause bei Kaffee und Kuchen, spielt eine zentrale Rolle im gesellschaftlichen Leben. Da es hier keinen Dorfplatz gibt, wo man Boule spielt, und keinen Baum, unter dem man über aktuelle Dinge sprechen kann, klopft man eben beim Nachbarn an. In einem anständigen Haushalt steht immer Kaffee auf dem Herd. Steeny führt einen anständigen Haushalt.

Im Flur voller Anoraks und Schuhe ziehen wir unsere Stiefel aus. Jede Wohnung verfügt über so eine Schleuse, die dafür sorgt, dass der Schnee im Winter nicht im ganzen Haus verteilt wird. Wir betreten das Wohnzimmer aus hellem Holz, wo die kleine Familie gerade frühstückt. Zwei Kinder löffeln Cornflakes aus Schüsseln, Steenys Frau holt Tassen. Auf dem Tisch liegt ein Fotoapparat, gleich neben der Mikrowelle. Ein Kumpel von Steeny hängt mit Laptop auf dem Sofa rum, vertieft in einen Jackie-Chan-Film, den er dem Gottesdienst vorgezogen hat.

In Frankreich bin ich oft gefragt worden, ob die Inuit in Iglus wohnen und sich in Robbenfelle hüllen. Nein, selbst in den entlegensten Dörfern verfügen die Häuser über sämtliche Annehmlichkeiten der Moderne, und die Menschen tragen Winterjacken von Nike. Man befindet sich zwar nördlich des Polarkreises, aber trotzdem im 21. Jahrhundert.

Steeny wundert sich bestimmt über unsere Anwesenheit. Als ich mit einem heißen Kaffee in der Hand auf dem Sofa sitze, erkläre ich ihm, warum wir bei ihm sind, und das Gespräch beginnt.

»Wie viele Einwohner hat Rodebay?«

Steenys Frau schaut aus dem Fenster und zählt die Häuser.

»Ungefähr fünfzig.«

»Angeblich wurde diese Woche ein Wal getötet.«

»Ja«, bestätigt Steeny.

»Können wir ihn sehen?«

»Nein, es ist nichts mehr übrig, wir haben ihn schon in Stücke zerlegt. Die Knochen haben wir ins Meer geworfen.«

»Was für ein Wal war das?«

»Ein Blauwal*.«

---

* Nach einiger Recherche ist es eher unwahrscheinlich, dass es sich um einen Blauwal *(Balaenoptera musculus)* handelte. »Blue whale« bezeichnet vielmehr einen Minkwal (oder Zwergwal), einen Grönlandwal oder einen Atlantischen Nordkapper.

»Aber ihr wisst schon, dass der Blauwal das größte Tier ist, das jemals auf der Erde gelebt hat? Größer als die größten Dinosaurier.«

Auf der ellenlangen Liste meiner Schwächen rangiert eine ganz weit oben: Ich kann es nicht lassen, mein Wissen kundzutun. Das ist keine Angeberei, sondern Begeisterung, die einfach aus mir heraussprudelt. In diesem Fall halte ich einem Walfänger einen Vortrag über Wale. Das ist sicherlich anmaßend.

Hier muss ich für den Leser etwas zur rechtlichen Situation anmerken. Auch wenn der kommerzielle Walfang der großen Meeressäuger verboten ist, erlaubt die Internationale Walfangkommission Grönland – aufgrund der Jagdtradition – den Fang von zweihundert Tieren jährlich.

»Wir haben eine Robbe gesehen. Sie war am Steg festgebunden.«

»Ich habe gestern zwei erlegt. Um meine Hunde zu füttern.«

»Hast du viele Hunde?«

»Vierundzwanzig.«

»Und schmeckt Robbe gut?«

»Ja.«

Schweigen.

Steeny ist nicht redselig. Freundlich, aber zurückhaltend. Ob wir ihn stören? Mag sein. Er kennt uns nicht. Fände ich es gut, wenn ein Grönländer Sonntagmorgen bei mir aufschlägt, wenn gerade Téléfoot läuft? Ich trinke einen Schluck Kaffee. Jackie Chan verteilt Ohrfeigen. Steeny redet weiter.

»Wenn man eine Robbe erlegt, muss man die Leber essen. Roh.«

»Wenn sich die Gelegenheit bietet, warum nicht? Ich meine, wir essen schließlich auch Frösche.«

Er versteht nicht, was »frog« heißt.

Ich mache einen Frosch nach. Steeny lacht und begreift.

»Da muss man aber viele von erlegen, wenn man satt werden will.«

»Ja.«

Ich denke nicht, dass wir ihm zur Last fallen. Man muss sich nur an die Pausen gewöhnen, die hier zur Unterhaltung gehören, sie aber nicht stören. Ich ticke noch im Rhythmus der Stadt. Ich muss meinen Stoffwechsel verlangsamen, um mich der Umgebung anzupassen.

»Wollt ihr unser *umiaq* sehen?«

Umiaq bedeutet Boot. Der Erste Offizier hat ins Schwarze getroffen. Steenys Augen leuchten kurz auf. Sein Kumpel, der unsere Unterhaltung bisher kaum beachtet hat, hält Jackie Chan an. Sie hätten sich nie getraut, uns darum zu bitten, aber sie freuen sich riesig, an Bord der *Atka* gehen zu dürfen. Unsere Ankunft ist nicht unbemerkt geblieben. Die *Atka* ist eine Rarität, die man hier nicht alle Tage sieht.

Kurz darauf schlüpfen wir in unsere Jacken und sagen zu Frau Steeny *qujanaq* (Danke) für den Kaffee. Wir gehen durchs Dorf, bis zum Steg; die Robbe hat sich nicht vom Fleck gerührt. Wir machen das Schlauchboot los und gehen wieder an Bord des Segelschiffs, wo der Kapitän unsere Gäste begrüßt. Die Profis tauschen sich über die technischen Details aus. Gesichter voller Bewunderung. Anerkennendes Kopfnicken. Die *Atka* ist ein tolles Mittel, um hier mit den Menschen, die mit der See vertraut sind, in Kontakt zu treten. Unser *umiaq* bringt uns nicht nur zwischen den Eisbergen hindurch, sondern öffnet uns auch Türen. Es ermöglicht uns, das Eis zu brechen, in jeder Hinsicht.

Die Seeleute fragen Steeny über die Möglichkeiten der Überwinterung in dieser Bucht aus. Rodebays Lage ist perfekt, abgeschieden, und doch kann man das Dorf von Ilulissat aus mit dem Schlitten in ein paar Stunden erreichen. Somit vielleicht ein passender Ort zum Vertäuen der *Atka*, wenn im Herbst das Packeis die Menschen einschließt. Wie es seit eh und je geschieht. Und vielleicht bald nicht mehr.

»Und was denkt ihr über den Klimawandel?«

Steeny winkt ab.

»Da mache ich mir keine Sorgen. Ich vertraue den Alten, die sagen, dass sich das Wetter schon immer geändert hat. Was auch passiert, wir werden uns anpassen. Wir haben uns immer angepasst.«

KAPITEL 8

An Bord läuft das Leben inzwischen in geordneten Bahnen, jeder findet seinen Platz. Der Kapitän und der Erste Offizier steuern. Der Maler unterstützt sie fachkundig. Ich koche Kaffee.

Ich versuche, mich nützlich zu machen, auch wenn ich Backbord und Steuerbord kaum auseinanderhalten kann. Ich will bloß ein kleiner, fleißiger Soldat sein, ein ergebener Schiffsjunge, der auf die Profis hört und von ihnen lernt. Allerdings müsste ich dafür erst einmal verstehen, wovon sie reden, denn meine sprachlichen Probleme beschränken sich nicht nur aufs Festland. Ich höre seltsame, in meinen Ohren sinnfreie Sätze, wie »Ich hole die Genua bei« (Vermutung: Kommt etwa eine Italienerin an Bord?), »Ich luve um zehn Grad an« (Ich drehe die Heizung hoch?) oder »Bring eine Reserveleine beim Unterliek an, falls ein Reep beim Reff kaputtgeht« (keine Vermutungen).

Das könnte zum Problem werden. Wenn man mir eine dringende Anweisung gibt und ich erst den Terminus technicus googeln muss, kann es gut sein, dass wir wegen mir untergehen. Außerdem haben wir hier kein Internet. Seefahrer sind wie Freimaurer, sie haben ihre eigenen Rituale, einen nur Eingeweihten vorbehaltenen Wortschatz, und sie machen sich lustig über mich, wenn ich von »Seil« spreche:

»Das ist kein Seil, sondern eine Leine«, verbessert mich der Erste Offizier.

»Moment mal, ich bin Schriftsteller. Worte sind mein Fachgebiet, ich kann dir versichern, dass das Teil da aus den zusammengedrehten Fasern ein Seil ist.«

Er lässt sich nicht davon abbringen.

»Nein. Das ist eine Leine.«

»Sollen wir die Académie française anrufen?«

»Bist du schon mal mit einem Mitglied der Académie zusammen zur See gefahren?«

Dann eben Leine. Meine Kameraden sind so freundlich, mir die Begriffe, die ich nicht kenne, zu übersetzen. Sorgfältig notiere ich meinen neu erlernten nautischen Wortschatz und vergesse ihn sofort wieder. Da meine Inkompetenz nun allgemein bekannt ist, gebe ich mir die größte Mühe, den anderen kein Klotz am Bein zu sein. Ich putze die Fender (die wulstartigen Gebilde, die das Schiff schützen sollen). Ich wasche ab (darin hingegen bin ich bemerkenswert gut, auch wenn hier besondere Bedingungen herrschen: Das Schiff schwankt, und man muss Wasser sparen). Ich koche für die Männer, die in der Gischt das Steuer halten. Ich lerne Schritt für Schritt und bin stolz, wenn ich es schaffe, eine Leine aufzuschießen oder einen Knoten richtig zu knüpfen; immer mit der Befürchtung, eine Dummheit meinerseits könne zum Schiffbruch führen.

Allmählich finde ich mich auf der *Atka* zurecht. Ich mache mich mit der Kartografie-Software auf dem Bordcomputer vertraut. Die Kajüte ist bequem, ich kann dort in aller Ruhe sitzen und schreiben, bekleidet mit einem T-Shirt, einem Pulli, einem Sweater, einer Fleecejacke, einem Anorak und einer Mütze, neben dem Ofen, den man nicht anmachen darf, wenn das Schiff fährt. Ich gehe an Deck auf und ab und lasse mich von der frischen Luft einhüllen, bis ich beinahe tiefgefroren bin. Abends lege ich mich in meine Koje und lese. Unter einer Thermodecke (schützt bis minus vierzig Grad) schlafe ich ein, und die Nächte sind recht angenehm, auch wenn ich manchmal von eisigen Wassertropfen geweckt werde, die vom Bullauge auf mein Gesicht sickern.

Zwar bin ich inzwischen akklimatisiert, doch mangelt es mir noch deutlich an Erfahrung, denn ich kenne nicht die Wörter, die an Bord tabu sind. Meine Mitreisenden schärfen mir ein, man dürfe niemals ... sagen, das brächte Unglück. Ich versuche zu verstehen, warum von diesem belanglosen Wort, das ein langohriges, karottenfressendes Säugetier bezeichnet, eine tödliche Gefahr ausgehen sollte – ich weiß ja nicht einmal, ob ich das Wort an Bord schriftlich festhalten darf, daher umschreibe ich es lieber nur. Ich befürchte, dass bereits die Beschreibung dieses Tieres, dessen lateinischer Name *Lepus* lautet, zu weit geht (ich riskiere was). Manche Seeleute verstehen da keinen Spaß. Wenn man in ihrer Gegenwart von dem Tier spricht, das in *Alice im Wunderland* immer zu spät dran ist, macht man sich womöglich abergläubische Feinde. Dazu sei angemerkt: Ich bin nicht abergläubisch. Ich öffne Regenschirme in der Wohnung, gehe dabei unter Leitern durch und streichle ganze Familien schwarzer Katzen. Ist mir völlig egal. Aberglaube ist leeres Geschwätz, das sich Menschen ausgedacht haben; damit reden sie sich ein, sie könnten auf das Schicksal einwirken und dort, wo nur der Zufall herrscht, so etwas wie Sinngehalt schaffen. Man gibt sich der Vorstellung hin, man wäre Herr der Ereignisse, doch das ist illusorisch. Wir wissen nicht, warum nun einmal das

Sein und nicht das Nichts da ist, und als einzige Gewissheit bleibt, dass wir eines Tages sterben werden. Daran ändert sich auch dann nichts, wenn man Salz über die linke Schulter wirft. Die Motivation kann ich ja noch nachvollziehen: Der Aufwand ist gering, also warum nicht den traditionellen Bräuchen folgen, auch wenn sie noch so absurd sind. Aber ich bin Kartesianer, also: Hase (das verbotene Wort war »Hase«). Ich kann das auch lauthals singen: Hase, Hase, Hase, Hase, Hase, Hase. So ein Unsinn lässt mich kalt. Ich bin ein freier Mann. Und das beweise ich hiermit: Hase.

KAPITEL 9

Der Horizont ist weit, wir sind allein auf der Welt. Kein Dorf, kein Kielwasser, so weit das Auge reicht. Die *Atka* ist in einer kleinen Bucht vor Anker gegangen, bei einem Ort namens Ata, nördlich von Rodebay. Von einem Hügel aus betrachten vier kleine, in einer überdimensionalen Umgebung ausgesetzte Menschenwesen das Privileg ihrer Einsamkeit.

Erik der Rote, der in der Diskobucht anlegte, empfand vielleicht ähnlich, als er vor gut tausend Jahren die Insel betrat. Erik Thorvaldsson war ein norwegischer Wikinger, der sich in Island niedergelassen hatte. Den Beinamen verdankt er seinem feuerroten Haar und seinem leicht blutrünstigen Gemüt. Nach einer böse ausgegangenen Schlägerei wurde er verbannt. Mit ein paar Haudegen brach er auf, entdeckte dieses Nordland und erkundete es drei Jahre lang; dabei bewegte er sich die Westküste hinauf, wo wir uns gerade befinden. Erik kehrte nach Island zurück, um seine Entdeckung publik zu machen, die er, mit Sinn für den Werbeeffekt, auf den Namen *Grønland* taufte, Grünes Land. Also der Name, den wir auch heute benutzen, während die Grönländer *Kalaallit Nunaat* vorziehen, das Land der Menschen. Grünes Land – diese Bezeichnung ist sicher etwas zu hoch gegriffen, aber man darf nicht vergessen, dass es damals wärmer und die Insel im Süden deutlich fruchtbarer war als heute.

Um 985 rüstete Erik eine Flotte mit rund dreißig Schiffen aus, und ungefähr fünfhundert Wikinger zogen mit ihm zusammen los, um auf Grönland die erste europäische Kolonie zu gründen. Sie ließen sich im Süden nieder, errichteten Bauernhäuser auf den üppigen Weiden an den Fjorden, hielten Ziegen, jagten Robben und blieben in Verbindung mit dem Mutterland. Auf diesem Teil der Insel lebte bis dahin niemand.

Um das Jahr 1000 machte sich Eriks Sohn Leif auf, um die Umgebung Richtung Westen zu erkunden. Er gelangte in ein Gebiet, das er Vinland taufte, heute unter dem Namen Neufundland bekannt. So landeten die Wikinger in Nordamerika, fünf Jahrhunderte vor Christoph Kolumbus. Dabei dachten sie nicht daran, es systematisch zu verwüsten, so wie es die Spanier nach ihnen taten (insofern sollte man die Wikinger nicht verteufeln, diese behelmten Säufer und Vergewaltiger, die ihr höchstes Glück in einem anständigen Raubzug nach altem Brauch fanden; denn ihnen kam nicht der Gedanke, die Ureinwohner der Neuen Welt per Völkermord auszurotten). Später machten die Wikinger noch einen Abstecher nach Labrador und Québec, blieben jedoch nicht lange – vielleicht verschreckte sie der Akzent der Ureinwohner. In Nordamerika ließen sie sich somit nicht nieder – sie zogen es vor, ihre Kolonien in Grönland, die inzwischen mit dem europäischen Kontinent Handel trieben, gewinnbringend zu nutzen. Die Wikinger lieferten Felle, Stoßzähne von Walrossen und Narwalen, aber auch – laut ihren Aufzeichnungen – lebende Eisbären, was von einer gewissen Furchtlosigkeit zeugt. Sie sorgten sich um ihr Seelenheil, errichteten Kirchen, ließen Bischöfe kommen und zahlten ihren Zehnt an Rom. Das Leben war hart und von Gewalt geprägt, aber die Wikingersiedlungen florierten und zählten bis zu fünftausend Einwohner.

Im Mittelalter ist das südliche Grönland also europäisches und christliches Gebiet. Zur gleichen Zeit übernimmt in China die zweite Jin-Dynastie die Macht; Marco Polo ist noch nicht geboren, und im Nahen Osten kämpfen Christen und Muslime um die Oberhoheit über Jerusalem (zum Glück läuft heute in dieser Region alles besser).

In der Folgezeit ging es bergab mit den Wikingerkolonien. Gegen Anfang des 15. Jahrhunderts kam ihr Ende, unter lange Zeit ungeklärten Umständen. Vom Kontinent fuhr niemand mehr dorthin. Die Geschichte dieser fernen europäischen Verwandten im Norden geriet in Vergessenheit, und die Kultur der Wikinger in Grönland existierte nicht mehr. Ein paar Jahrhunderte mussten vergehen, bis es wagemutige Walfänger und Entdecker wieder in diese Gegend verschlug.

Im Jahr 2005 veröffentlicht Jared Diamond *Kollaps*, einen monumentalen Essay über das Aussterben von Gesellschaften. Er untersucht und vergleicht darin mehrere Zivilisationen, die untergegangen sind, von den Maya über unsere Wikinger aus Grönland bis hin zu den Anasazi. Er stellt fest, welche Ursachen in ihrem Zusammenwirken zum Aussterben von ganzen Volksgruppen geführt haben. Im Falle der Nachfahren von Erik dem Roten sind alle maßgebend. Die Wikinger betrieben Raubbau an ihrer Umwelt. Durch die Überweidung wurden die Böden abgetragen, und sie rodeten einfach wild drauflos (damals gab es dort in großer Zahl Weiden und Birken). Das Holz wurde knapp und somit auch der Brennstoff. Folglich konnten nicht mehr ausreichend Waffen geschmiedet werden, was wiederum zur militärischen Unterlegenheit führte. Denn inzwischen waren die Wikinger auf die Skrælingjar gestoßen, Vorfahren der Inuit, die, deutlich schlauer, mit tierischem Fett heizten. Als es zum Zoff mit diesen Gegnern kam, die Pfeile und Lanzen hatten, waren die Wikinger ihnen trotz ihrer Tapferkeit nicht gewachsen. Zudem hatten sie auch nicht die vor Ort üblichen Methoden der Wal- und Ringelrobbenjagd übernommen, was ihnen einen Vorrat an für den Kampf nützlichen Proteinen eingebracht hätte.

Unannehmlichkeiten kommen selten allein, und so schädigte eine Kälteperiode die Landwirtschaft und beeinträchtigte den Seeverkehr zwischen Grönland und Europa. Anschließend wurde die bereits geschwächte Bevölkerung von einer Pestepidemie heimgesucht. Hunger, Kälte, Krankheit. *Alea iacta est.*

Die Wikinger hatten sich auf die Gegebenheiten eingestellt, die sie bei ihrer Ankunft vorfanden; sie waren jedoch außerstande, sich anzupassen, als sich diese änderten. Die Inuit haben überlebt, die Wikinger nicht.

Ich erzähle diese alte Geschichte, weil sie uns eine im Grunde simple, allerdings brandaktuelle Erkenntnis lehrt: Wenn wir die Natur zerstören und die Weisheiten der Eingeborenen in den Wind schlagen, rennen wir ins eigene Verderben.

KAPITEL 10

»Kennt ihr die Kurzgeschichte *To Build a Fire* von Jack London?«
Der Maler nickt und macht sich ans Erzählen. Im hohen Norden Kanadas, in den Klondike Fields, ist ein Trapper zusammen mit seinem Hund auf der Suche nach seinen Kameraden. Die Temperatur liegt bei ungefähr fünfzig Grad unter null. Unterwegs bricht er im Eis ein, sein Fuß wird nass. Wenn er nicht schnell wieder trocken wird, erfriert er und stirbt ab – das bedeutet den sicheren Tod. Zum Glück hat der Trapper ein paar Streichhölzer dabei und macht damit unter einem Baum Feuer. Doch dieser Dummkopf hat nicht bedacht, dass von der aufsteigenden Hitze des Feuers der Schnee auf den Ästen schmilzt. Er fällt auf das Feuer, es erlischt. Lebe wohl, Trapper.

So zusammengefasst wirkt das belanglos, aber dieser Text ist einer der stärksten, die ich kenne. Londons präziser Schreibstil gibt genau das wieder, was er aussagen will. Unter Extrembedingungen steckt das Überleben, wie der Teufel, im Detail.

Nach vorn gebeugt nicken die Seeleute bestätigend. Wir sammeln Zweige, trockenes Gras und kleine Äste von Büschen, um unser eigenes Feuer zu machen. Heute Abend kochen wir keine Nudeln auf dem Herd an Bord, sondern organisieren ein Wal-Barbecue unter freiem Himmel, mit einem kleinen Filetstück vom Wal, das wir am Vortag ergattert haben. Außerdem konnten wir ein Stück der Fettschicht von dem bereits erwähnten Wal aus der Bucht von Rodebay mitnehmen, das beim Zerlegen des Tieres übersehen worden war. Ich schneide das Fett in dünne Streifen, die das Feuer nähren sollen, wie die Inuit es machten, nicht aber die Wikinger. Der Kapitän sucht flache Steine, die als Kochplatten dienen sollen, eine Technik, die seit vorgeschichtlicher Zeit genutzt wird. Der Erste Offizier kniet auf dem Boden und bläst vorsichtig in die Glut. Der Maler hat Kartoffeln in Aluminiumfolie gewickelt und öffnet eine Flasche Wein.

Alles ist vorbereitet. Das von Menschen geschaffene Feuer bildet ein Gegengewicht zu der von Gott (oder etwas Ähnlichem) gesandten Sonne, die ewig am Horizont verweilt, sodass die Zeit stehen bleibt und eine noch nie da gewesene Struktur annimmt. Die Intensität des Augenblicks steigt, er bekommt mehr Substanz.

»Wie spät es wohl ist?«

»Das, mein Lieber, ist mir scheißegal.«

»Hast recht. Warum frage ich überhaupt? Ich bin echt bescheuert.«

Die *Atka* ist in Sichtweite und wacht über uns.

»Es gibt nichts Besseres als ein Segelschiff.«

»Ja – wenn du an Land bist. Aber an Bord gibt es Einschränkungen.«

»Ein Schiff ist wie ein Baby. Man muss sich immer drum kümmern.«

»Freiheit hat eben ihren Preis.«

»Und ist gerade deshalb so schön.«

In der aufkommenden Dämmerung weiß man nicht mehr, wer spricht. Ich werfe einen Streifen Walfett ins Feuer, es knistert. Ein Stück Fleisch brutzelt auf dem Stein.

»Dein Stück Wal ist jetzt auf den Punkt gegart.«
»Streu etwas Salz drauf.«
»Schmeckt gut.«
»Ja, Wal schmeckt gut, ist aber voller Schadstoffe. Der Müll aus den Weltmeeren sammelt sich in der Arktis an und wirkt sich auf die gesamte Nahrungskette aus, vom Plankton bis zu den großen Meeressäugern.«
»Wisst ihr, dass in einigen grönländischen Dörfern Stillen verboten wurde? Weil die Muttermilch giftig ist.«
»Da kann ich noch so lange überlegen, mir fällt nichts Traurigeres ein.«
»Gib mir die Flasche.«
»Trotzdem: Wal schmeckt gut.«

Versteckt in der Dunkelheit lauschen die Wände aus Eis unserem Gespräch, unterstreichen unser Geflüster mit ihrem deutlich vernehmbaren Knacken. Im Dämmerlicht wird die Seele des Menschen empfänglicher. Zwischen vier Personen, die sich kaum kennen, entsteht Nähe. Wir lassen uns von diesem Ort, der uns umfängt, durchdringen.

»Nur in der Natur fühle ich mich zu Hause.«
»Und ich habe einmal Ratte gegessen.«
»Ich Schlange.«
»Die Kartoffeln sind verkohlt.«
»Ich würde auch Menschenfleisch essen.«
»Ich nicht. Da ist bei mir Schluss.«

»Warum? Wir sind auch Fleisch. Ich glaube nicht, dass wir den anderen Tieren überlegen sind.«

Ein Soldatenwitz wird zum Besten gegeben. Das Feuer droht zu erlöschen, ihm wird wieder Leben eingehaucht.

»Trotzdem haben wir im Vergleich zu anderen Lebewesen einige Pluspunkte.«
»Ach ja? Nehmen wir mal Albatrosse. Die können, ohne jemals zu landen, sieben Jahre lang fliegen. Ihre Balz ist viel komplexer als unsere. Und sie sind sich ein Leben lang treu. So viel zur menschlichen Überlegenheit …«
»Ich habe nichts gegen Albatrosse, aber wir haben immerhin den Humor und den Genozid erfunden.«
»Ratten haben auch Humor. Da habe ich eine Studie drüber gelesen.«
»Und Muscheln praktizieren Genozid untereinander, oder was?«

Ein Matrose pupst. Ein Eisberg kippt um.

»Die Welt der Menschen interessiert mich nicht mehr. Ich warte auf das Ende des Industriezeitalters.«
»Ja, vielleicht ist das schon vorbei.«
»Was du nicht sagst.«

»Schön, dieses Feuer.«
»Schaut doch mal, wo wir sind, Leute.«
»Ist schon eine komische Sache, die Realität.«

KAPITEL 11

Wir sind umzingelt. Es sind Tausende. Im Laufe der letzten Stunden unserer Fahrt ist die Landschaft kompakter geworden; wir stehen Rudeln von Eisbergen gegenüber. Wir nähern uns ihrer Geburtsstätte, dem Eqi-Gletscher.

Sie sind vor uns, hinter uns, um uns herum. Überall. Selbst über uns. Sie mustern uns, sind sich ihrer Stärke bewusst und bis zu drei Mal so hoch wie unser Mast. Diese Riesenbabys erscheinen uns unverhältnismäßig groß, dabei sind sie verglichen mit anderen Exemplaren, die auf der Südhalbkugel gesichtet wurden, geradezu lächerlich klein. In der Antarktis wurde ein Eisblock mit einer Fläche von 11 000 Quadratkilometern entdeckt und verzeichnet. Einen Tick größer als Korsika.

Und dabei sehen wir nicht einmal ein Viertel davon. Der Eisberg, so imposant er auch sein mag, ist ein geheimnisvolles Wesen, das sich dem Blick des Menschen entzieht. Wie kannst du so dahintreiben, du großer Eiswürfel, wenn neunzig Prozent deines Leibes unter Wasser sind?

Das verdankt er dem archimedischen Prinzip. Der statische Auftrieb eines Körpers in einem Medium ist genauso groß wie die Gewichtskraft des vom Körper verdrängten Mediums. Als Formel sieht das so aus:

F (Auftrieb) = F (Gewicht, Fluid), wobei F (Auftrieb)
= V (verdrängt) × ρ (Fluid) × g.
Wenn ρ Körper = ρ (Fluid) ist, dann schwebt der Körper.

Der vorangehende Absatz verdeutlicht auf wissenschaftliche Weise die Grenzen der Wissenschaft, welche außerstande ist, die uns von der Natur geschenkten Allegorien zu deuten.

Der Eisberg liefert uns eine Vielzahl von Spiegelbildern. Er ist eindeutig und vielschichtig zugleich, reflektiert die Rätsel, aus denen wir bestehen. Freud benutzt den Eisberg als Metapher für die menschliche Psyche, der Teil unter Wasser stellt dabei das Unbewusste in uns dar, das im Ozean des kollektiven Unbewussten schwimmt. Welche Träume, welche Fantasien verbergen sich unter Wasser? Wie sie sind auch wir Menschen mit bloßem Auge nicht zu erkennen.

Der Eisberg ist zum Greifen nah und entwischt uns doch. Er steht symbolisch für Fortbewegung an der Oberfläche. Für das Wissen. Das Leben. Für alles Mögliche. Auch für gar nichts. Man kann ihn genauso gut als gefrorenes Wasser sehen. Das ist nicht falsch. Nur schade.

Wir vier Jungs stehen im Wind, die Kragen unserer Jacken hochgeschlagen, und wir trotzen der kühlen Luft. Meine Kameraden, die schon viel erlebt haben, sind gleichermaßen gebannt von dem Schauspiel. Niemand ist auf Schönheit eingestellt, die einen mit ihrer Wucht erschlägt.

Ganz langsam bewegen wir uns mit Motorkraft vorwärts. Der Kapitän hält das Steuerruder, der Erste Offizier steht am Bug und gibt frühzeitig an, welcher Kurs einzuschlagen ist. Der Maler singt ein Lied von Julio Iglesias und lockt damit einige Buckelwale an. Ein Blas backbord. Zwei weitere steuerbord. Eine Mutter mit ihrem Jungen. Sie tauchen auf und wieder unter, ein Privileg, das es ihnen ermöglicht, alle Facetten der Eisberge und diese als Gesamtgebilde zu würdigen.

Eine Gruppe Wale begleitet uns und macht unsere Postkartenidylle komplett. (Da fällt mir ein, unten in meinem Rucksack liegt noch eine Postkarte mit einem Eisbären vorne drauf. Wenn ich einen Briefkasten finde, werfe ich sie ein, in ein paar Wochen.)

Die Wale tollen ohne Scheu umher. Sie wirken weder ängstlich noch nachtragend. Es sei denn, sie zwängen uns ihren Tanz auf, um in uns Schuldgefühle zu wecken, weil wir ihren Artgenossen verspeist haben. Das schlechte Gewissen nagt an mir und stört meine Verdauung, als plötzlich der Eqi-Gletscher vor uns auftaucht.

KAPITEL 12

Paul-Émile Victor hat in dieser Hütte gelebt. Eine hübsche Hütte, aus Holz, rot angestrichen, windschief und irgendwie zusammengezimmert; sie wurde 1948 gebaut, als die Expéditions polaires françaises – eine Organisation, die Polarexpeditionen durchführte – hier ihr Basislager einrichteten, um wissenschaftliche Untersuchungen der Polkappe vorzunehmen. Paul-Émile Victor hatte schon zehn Jahre zuvor den Eisschild überquert und daher ein sicheres Gespür für die richtigen Standorte. Wir befinden uns ungefähr hundert Meter über dem Meer, mit Blick auf den Eqi-Gletscher, eine Eisberge produzierende Maschine mit einer Breite von 4000 Metern und einer Höhe, die ich nicht einmal schätzen kann. Ein Tentakel des Leviathans aus Eis, der Grönland bedeckt. Die Polkappe kann man von hier aus nicht sehen. Sie ist jedoch nicht weit, man spürt sie, einige Kilometer entfernt, hinter den Anhöhen. Bei der Hütte stehen ungefähr fünfzehn Bungalows und das Café Victor, bereit, im Sommer ein paar Touristen aufzunehmen, und sie schaffen es nicht, diesem Ort seinen Zauber zu nehmen.

Ich mache mich mit meinem Rucksack und meinem Maler auf den Weg, während die Seeleute an Bord bleiben, um auf das Schiff aufzupassen. Ich habe nicht vor, den Eisschild zu überqueren. Meine Ambitionen sind bescheiden, ich will einfach nur dessen Rand erreichen, ihn streicheln. Sechs Stunden dauert der Marsch, habe ich gelesen.

»Eher acht oder zehn«, korrigiert mich der Aufseher der Anlage, ein junger Däne, der uns willkommen heißt.

Der Maler verzieht das Gesicht, diese Information gefährdet unseren Spaziergang. Der Aufseher wundert sich über unsere Anwesenheit und erkundigt sich nach unserem Fortbewegungsmittel. Wir zeigen in Richtung der *Atka*, die in der Ferne vor Anker liegt. Jetzt verzieht der Aufseher das Gesicht und zählt eine Reihe von Verhaltensregeln auf.

»Ihr dürft nicht in Wassernähe laufen, haltet einen Sicherheitsabstand von etwa zwanzig Metern. Wenn der Gletscher große Eisberge kalbt, entstehen kleine Tsunamis. Das ist sehr gefährlich.«

Das soll uns recht sein, uns zieht es sowieso zu den Höhen. Wir würden diesen sehr zuvorkommenden Kerl gern irgendwie loswerden; schließlich sind wir hier, um in die Natur einzutauchen, und nicht, um uns einen Vortrag über richtiges Verhalten anzuhören, das sich sowieso von selbst versteht. Versprochen, wir gehen nicht am Fuße des Gletschers schwimmen.

Der Däne ist hartnäckig.

»Passt auch auf, wenn ihr auf dem Wasser seid. Zwischen dem Zeitpunkt, wenn das Eis abbricht, und dem, wo die Welle auf die Küste trifft, vergehen nur zwei oder drei Minuten. Ihr müsst eure Kumpel auf dem Schiff warnen. Die sollen unbedingt in offenen Gewässern bleiben.«

Die *Atka* liegt ziemlich weit entfernt vom Gletscher und auch nicht allzu nah an der Küste, was das Risiko, dahin abzudriften, erheblich reduziert (ich wende hier mein neu erlerntes seemännisches Vokabular an). Trotzdem warnen wir den Kapitän per Walkie-Talkie. Bis jetzt läuft alles gut. Nur auf dem Rückweg müssen wir aufpassen, wenn wir wieder an Bord gehen.

Es geht sanft bergan, wir folgen dem Weg von Paul-Émile, sind leicht angezogen, die angenehm wärmende Sonne tut der Haut gut. Mit jedem Schritt enthüllt die Landschaft ein Stück ihrer Herrlichkeit. Mit jedem Meter schaffen wir den nötigen Abstand, um das Meisterwerk zu betrachten. Nach zwei Stunden Fußmarsch ist die *Atka* nur noch ein in der Ferne schwimmender Punkt inmitten von Schneeflocken.

Das Leben im Freien weist Eigenschaften ähnlich denen von Psychopharmaka auf. Kleinigkeiten lassen einen in Ekstase geraten: der Farbton einer Flechte, die Blütenblätter eines Weidenröschens, die unglaubliche Tiefe des plüschigen Moosteppichs, die himmelblaue Spiegelung eines Sees in einer Gebirgsspalte. Stille hüllt uns ein, und so vernehmen wir die zarte Musik der Luft, wenn sie beim Gehen vibriert. Ab und an wird sie durch den Mahlstrom der Schneelawinen gestört, die den Gletscher hinabstürzen. Das hört sich so an, als würden mehrere Gebäude ins Meer krachen. Aus der Ferne erreicht uns das Dröhnen des Eisbebens, dumpf und tief, erst einige Sekunden nach dem Schneerutsch.

Unsere Unterhaltung ändert immer wieder die Richtung, genau wie der Weg. Der Maler ist ein toller, mitreißender Erzähler, mit ihm wird es nie langweilig. Er füllt meine maritimen Wissenslücken und klärt mich über Tabarly und Moitessier auf, deren Großtaten zur See ich zwar kannte, das Geniale daran aber nicht begriff.

Währenddessen taucht der Eisschild auf, stückchenweise

hinter jeder Biegung des Weges bergan. Der Maler nimmt mich von der Arktis mit in die Karibik: Er erzählt, dass er vor drei Jahrzehnten auf St. Vincent im Gefängnis saß, nur weil er am Strand einen Joint geraucht hatte. Auch ich gebe ein paar exotische Anekdoten preis, eine Nacht im nepalesischen Dschungel, ungesetzliches Handeln auf den Fidschi-Inseln. Der Maler wechselt über zur mongolischen Steppe, wo er mit seinen Töchtern war; sie lernten dort so manche Lektion fürs Leben (»Wenn du zwei Kilometer laufen musst, um einen Eimer Wasser zu holen, siehst du nach deiner Rückkehr Wasserhähne mit ganz anderen Augen«). Die Zeit, die ich mit dem Maler verbringe, ist kostbar. Wir sind eine Generation auseinander, und er teilt seine Erfahrungen, ohne je in die Selbstgefälligkeit eines Mentors zu verfallen. Er ist Großvater, doch seine unerschütterlich jungenhafte Art hat er sich erhalten. Dieser Mann, der jeden Winkel unseres Planeten gesehen und gemalt hat, bleibt empfänglich für einen Anblick, der verzaubert.

Wie könnte man Überheblichkeit an den Tag legen im Angesicht der weißen Wüste, die uns überwältigt und zur Demut nötigt? Die Polkappe wartet auf uns, verführerisch und unerreichbar. »Kommt her, Jungs, kommt her«, scheint sie zu flüstern, wie eine Sirene aus Eis. Diese Sirene hat schon viele Männer angelockt. Vor Paul-Émile Victor hatte sich bereits 1888 der norwegische Entdecker Fridtjof Nansen zu seiner legendären Expedition auf den Weg gemacht, auf der er als Erster Grönland über das Inlandeis von Ost nach West innerhalb von neunundvierzig Tagen durchquerte. Andere kehrten von dem Versuch, es ihm gleichzutun, nicht mehr zurück.

Die Inuit hingegen betreten den Eisschild nicht. Sie wissen, dass der Mensch hier nichts verloren hat; das gilt auch für Tiere. Nach dem Glauben der Ortsansässigen ist er das Reich der Qivitoqs, der Unheil bringenden Geister. Schließlich bedarf es übernatürlicher Kräfte, um auf 3000 Meter dickem Eis zu leben.

Auf der Polkappe ist das Leben, wenn auch nicht unmöglich, so doch nur für kurze Zeit denkbar. Den Eisschild kann man zwar überqueren, sich aber nicht dort niederlassen. Einige haben es versucht. In den 1950er-Jahren errichtet die amerikanische Armee im Norden Grönlands Camp Century, eine Militärbasis, die sich in *Star Trek* gut machen würde. Es ist die Zeit des Kalten Krieges, die UdSSR liegt um die Ecke, auf der anderen Seite des Nordpols. Man installiert Radaranlagen, gräbt einen Kernreaktor ins Eis ein und bereitet sich auf die Apokalypse vor. Das Experiment ist nur von kurzer Dauer. Da das sich bewegende Eis die Fundamente der Basis gefährdet, wird die Station 1967 aufgegeben. Trotz ihrer technologischen und finanziellen Stärke weicht die amerikanische Armee vor der Natur zurück.

Allmählich wandert die Sonne tiefer, auch wir müssen an den Abstieg denken. Leichten Schrittes und ohne innezuhalten, gehen wir den Hang hinunter und erreichen so einen Zustand der Erschöpfung, in dem sich unsere sinnliche Wahrnehmung erweitert. Mal entführt uns das Panorama in eine Traumwelt, mal spüren wir den Boden unter den Füßen. Die Stunden vergehen, und das sich verändernde Licht bewirkt, dass sich diese Pracht fortlaufend neu entfaltet. Wir sind noch nicht wirklich an diese Tage gewöhnt, die sich hinziehen, als würden sie sich weigern abzudanken, ihren eigenen Tod von sich weisen.

Die Rückkehr zum Schiff ist auch eine Rückkehr in die Realität. Am Strand brechen sich Wellen, nicht weit von der Stelle, wo uns am Morgen das Schlauchboot abgesetzt hat. Ich habe schon Brandungswellen gesehen, auch gewaltige Brecher. Aber Wellen, die Eisblöcke von den Ausmaßen eines Lastwagens mit sich führen, die auch manchmal gegeneinanderkrachen – das ist ein Chaos der anderen Art. Wenn man da hineingerät, ist es aus. Jetzt verstehen wir den dienstbeflissenen Aufseher.

Momentan befinden wir uns noch in ausreichender Entfernung zum Wasser und somit in Sicherheit.

Nichtsdestotrotz: Es bleibt uns nichts anderes übrig, als dort runterzugehen und der Gefahr ins Auge zu blicken, wenn wir zurück zur *Atka* gelangen wollen. Wir müssen – wie auf dem Hinweg – eine Flussmündung durchqueren, um zur Anlegestelle zu kommen. Der Pegelstand des Flusses ist seit dem Morgen angestiegen, die Temperatur hingegen gefallen. Die Furt ist verschwunden. Die Mündung kann man unmöglich trockenen Fußes durchqueren. Wir befinden uns im Tsunamibereich, schutzlos. Hier sollten wir nicht länger bleiben. Wenn jetzt ein großes Stück vom Gletscher abbricht, könnte die dadurch entstehende Welle unsere banale menschliche Existenz gefährden.

Zwei Optionen.

Den Fluss trotzdem durchqueren und zu der kleinen, geschützten, etwas weiter entfernten Bucht laufen, wo das Schlauchboot uns problemlos einsammeln kann. Was bedeutet, dass wir nasse Füße bekämen und lange in der Kälte unterwegs wären. Wie in der Kurzgeschichte von Jack London.

Oder wir lassen uns hier auflesen, auf dieser Seite des Strandes, wo das Boot nur schwer anlegen kann, da das Wasser flach ist. Und wo man sich lieber nicht länger aufhalten sollte.

Nach Rücksprache mit den Seeleuten über Walkie-Talkie einigen wir uns auf Letzteres. Da stehen wir nun, das Meer vor uns, immer den Gletscher im Blick, und bereiten uns darauf vor, sobald es knackt, in höhere Lagen zu türmen. In diesem Fall müssten wir rund 200 Meter rennen, über unebenes Gelände, und anschließend binnen weniger Sekunden so hoch klettern, dass die Welle uns nicht erwischt. Die Minuten der Ungewissheit sind lang.

Das Schlauchboot kommt näher, der Erste Offizier steht am Steuer. Hals über Kopf springen wir ins Boot. Mir fällt etwas ein: Das einzige Mal, als ich beinahe gestorben bin, befand ich mich in einem Schlauchboot. Schnell entfernen wir uns aus der Gefahrenzone, durchnässt von Gischt und Schweiß, und denken über das hiesige Sprichwort nach: *Siku kisimi*. Allein das Eis entscheidet.

KAPITEL 13

Ich habe eine Tasse Kaffee in der Hand, bin auf einem Segelschiff und betrachte den Sonnenuntergang, vor einem Gletscher, vor Grönland. Alles ist in Ordnung.

Meine Komplizen laufen aufgeregt hin und her. Nicht alles ist in Ordnung.

Dieses Seegebiet ist nicht sicher, das Wasser nicht tief genug, der Gletscher gefährlich, und wir sind von zu vielen Eisbergen umgeben. Wir müssen ständig auf der Hut sein, die Bedingungen sprechen nicht gerade für eine ruhige Nacht. Der Kapitän entscheidet sich für den Aufbruch, trotz später Stunde und einsetzender Dunkelheit, um einen weniger tückischen Ankergrund zu suchen.

Es ist beinahe Nacht, wir wissen nicht, wo wir hinfahren, wir sind Obdachlose auf See, schmutzig und müde, irren umher auf der Suche nach einem sicheren Schlafplatz. Ein paar Meilen weiter versuchen wir zu ankern, was sich als wenig aussichtsreich herausstellt. Da ich keine Ahnung von Strömungen habe, war mir die Komplexität dieses Manövers überhaupt nicht bewusst. Man muss die Beschaffenheit des Meeresbodens und die Launen des Windes berücksichtigen, Berechnungen vornehmen, welche die Größe des Schiffs, die Entfernung von der Küste und die Länge der Ankerkette einbeziehen. Die Seeleute wirken besorgt, sie holen den Anker ein und fahren wieder los, von Neuem, in die Nacht, ins Ungewisse.

Die *Atka* schlängelt sich zwischen Inselketten hindurch. Der Mond geht auf und krönt einen Berggipfel. Vorsichtig, mit zwei Knoten, bewegen wir uns vorwärts, tasten jeden Meter Meeresgrund mit dem Echolot ab. So schnell, wie der Mond aufgetaucht ist, verschwindet er auch wieder. Das Echolot zeigt fünf Meter Tiefe an, das Wasser wird immer flacher. Auf einmal sind es nur noch zwei Meter. Das Gerät muss spinnen, sage ich mir, als ein lautes Kratzen ertönt, das Böses ahnen lässt, vor allem, weil direkt ein zweites folgt. Das Schiff fährt mit null Knoten. Es neigt sich zur Seite. Wir sind auf felsigen Grund gelaufen. Es ist null Uhr dreißig, wir befinden uns am Ende der Welt, und es ist kalt.

KAPITEL 14

Mir passt es gar nicht in den Kram, heute zu sterben. Ich bin nicht einmal vierzig. Ich habe noch kein Testament gemacht. Und ich muss ein Buch schreiben, das bekomme ich niemals in einer Viertelstunde fertig – so lange kann man im eisigen Wasser überleben. Mir fällt der junge Leonardo DiCaprio ein, wie er sich an der Holztür festhält, auf der die verliebte Kate Winslet liegt. Neptun, Poseidon, ich habe ein kleines Kind, habt in diesem Fall Erbarmen.

Vielleicht war es leichtsinnig von mir, die Anstandsregeln auf See in den Wind zu schlagen, indem ich das Wort Hase so provozierend verwendet habe. Jetzt traue ich mich nicht mehr, es auszusprechen. Wie kann man den Lauf der Geschichte umkehren? Wenn ich das Wort so viele Male rückwärts aufsage, wie ich es regulär zum Besten gegeben habe, hebt das dann den Fluch auf? »Esah, Esah, Esah.« (Ich habe ein Talent für das spontane Rückwärtssprechen, ich kann ganze Sätze so aufsagen. Eine eher seltene und vollkommen nutzlose Fähigkeit, abgesehen davon, dass sie eine bemerkenswerte Hirnleistung unter Beweis stellt.)

Das Schiff steckt fest und verharrt in Schieflage. Hektisch machen sich die drei Seebären an die Arbeit. Man spürt den Stress. Der Kapitän stellt irgendwas mit den Seilen (Pardon, Leinen) an. Der Erste Offizier lässt das Schlauchboot zu Wasser. Präzise, wohlüberlegte, rasche Handgriffe. Ich werfe ihm eine Schwimmweste zu.

»Fiere die Leine da und hilf mir, das Schiff zu krängen«, brüllt mich der Maler an.

»Was? Sprich französisch, verdammt noch mal.«

»Mach das, was ich mache.«

Er klammert sich an die Brüstung, sein Körper hängt auf der Außenseite des Schiffes; er will erreichen, dass es sich hin- und herbewegt und durch dieses Manöver freikommt. Ich mache es ihm nach. Mit meinem ganzen Gewicht hänge ich mich über das schwarze Wasser. Ich denke über die Gültigkeit von Murphys Gesetz nach, das besagt, dass eine beschissene Situation sich stets exponentiell verschlimmert. Wenn das stimmt, dann müsste ich ins Wasser fallen – eine nicht allzu unwahrscheinliche Theorie.

Der Erste Offizier schwingt sich ins Schlauchboot, fährt ein Stück zurück und manövriert unter Anleitung des Kapitäns an die Steuerbordseite. Er gibt Gas und rammt das Schiff. Er schiebt von der einen Seite, wir ziehen an der anderen, wir rütteln am Ungeheuer. Nach einigen Anläufen schaukelt die *Atka* leicht und kommt los. Das Schiff sitzt nicht länger auf Grund. Der Erste Offizier dreht eine Runde, um die Schäden zu begutachten. Auf den ersten Blick scheint nichts kaputt zu sein. Ich bin nicht über Bord gegangen.

Trotzdem sind wir noch nicht außer Gefahr. Wir können hier immer noch nicht ankern, weil es viele unsichtbare Fallen gibt.

Die Seeleute beschließen, die *Atka* treiben zu lassen und abzuwarten, bis es hell wird, um die Situation einzuschätzen. Die Bretonen werden abwechselnd Wache schieben. Auch für mich findet man Verwendung. Ausgestattet mit einem Scheinwerfer lauere ich am Bug – mit Luchsaugen suche ich das Wasser nach Felsen ab, die uns erneut zum Verhängnis werden könnten. Ein paar Minuten später zeigt das Echolot etwas tiefere Gewässer an. Die unmittelbare Gefahr scheint gebannt. Der Adrenalinspiegel sinkt.

Ich zünde mir eine Zigarette an, lege den Kopf zurück, schließe die Augen und puste den Rauch aus. Als ich die Augen wieder öffne, hat er den Himmel überzogen. Meine Rauchspiralen lösen sich auf, und lange, grünliche, unruhige Streifen ziehen über den Nachthimmel. Ich begrüße mein erstes Polarlicht.

Es überrascht nicht, dass sich die nordischen Völker der Geisterverehrung hingegeben haben. Die Natur bescherte ihnen unerklärliche, pyrotechnische Schauspiele, denn die Begriffe Solarwinde und elektromagnetische Wellen waren ohne Hilfe der Wissenschaft nicht so leicht zu verstehen. Da bedurfte es der Fantasie, um diesen himmlischen Darbietungen Sinn zu verleihen. Finnischen Legenden zufolge verdankt man dem Polarfuchs das Polarlicht, der beim Herumtollen mit dem Schwanz Schneewolken aufwirbelt, die dann den Himmel schmücken. Die Inuit in Grönland dachten, die Seelen der Toten spielten mit Walrossschädeln Ball (wie bitte?). Im Osten des Landes, wo das Polarlicht eine rötliche Färbung annimmt, ging man davon aus, es handle sich um die Spiegelung der Seelen tot geborener Kinder.

Ich für meinen Teil bemerke eine verwirrende Verknüpfung von angsterfüllten Minuten kurz vorher und der ersten Erfahrung des Polarlichts als Geschenk. Die Verheißung der Hölle und anschließend eine himmlische Erscheinung. Mein kartesianischer Geist weigert sich, darin ein Zeichen zu sehen. Mein Hang zum Agnostizismus schließt nicht aus, darin eine Äußerung des Schöpfers zu sehen.

KAPITEL 15

Die Nacht war lang und ohne Schlaf. Die Nacht war kurz, bei dieser Sonne, die vier Stunden nach Untergang schon wieder scheint. Der Morgen überrascht uns mit einem Augenblick reinen Glücks, dem Auftauchen eines Dorfes. Wo ein Dorf ist, ist auch ein Ankerplatz. Laut Karte legen wir in Qeqertaq an. Eines der Qeqertaq. Dutzende dieser Toponyme finden sich auf der Karte. Qeqertaq bedeutet Insel, und an der zerklüfteten Küste wimmelt es nun einmal davon. Diese hier hat geografisches Feingefühl bewiesen und sich genau auf 70 Grad nördlicher Breite niedergelassen.

Dem Maler läuft das Wasser im Mund zusammen; die Landschaft ist weitaus mehr als nur reizvoll. Gipfel krönen die Insel, dahintreibende Eisberge umgeben sie und verändern jeden Augenblick das Gesicht der Landschaft. Wirkungsvoller Kontrast zwischen dem Gelb, Blau und Rot der Häuser und den dunklen Tönen der Erde. Ein idyllischer Anblick, der durch die riesigen Tanks kaum beeinträchtigt wird, die den zum Überstehen des Winters notwendigen Brennstoff enthalten.

Wir werden vom Kläffen der Hunde und dem *haluu* der Kinder begrüßt, die um eine Wippe, ein kleines Karussell und ein Schaukeltier herumtoben; in Frankreich häufig in Form eines Pferdes, hier jedoch einer Robbe. Wenn der Winter kommt, rutschen diese Kinder die Eisblöcke herunter, die vom Packeis eingeschlossen werden.

Die Tatsache, dass es hier einen Spielplatz gibt, zeigt: Auch in den entlegensten Gegenden der Erde funktionieren die öffentlichen Einrichtungen. In Qeqertaq gibt es Abfalleimer, Strom, eine Schule, ein Gemeindehaus. Ein notdürftiger Helikopterlandeplatz (ein mit Kalk auf eine ebene Stelle geschriebenes H) ermöglicht im Notfall eine Evakuierung. Es gibt keine Straßen, natürlich nicht, aber einmal pro Woche tuckert eine Fähre aus Ilulissat durch die Diskobucht. Wie in allen Gemeinden versorgt einen der *pisiniarfik* mit Karotten, Hundetrockenfutter und verführerischer Unterwäsche, unter Videoüberwachung, die uns an den Siegeszug von Big Brother erinnert – selbst hier, am Ende der Welt.

Aus dem Laden kommen Kinder, die sich mit Eis am Stiel die Bäuche vollschlagen. Ich kann mir folgende Bemerkung nicht verkneifen: Inuk isst Eskimo*. Süßigkeiten – bis zur Ankunft der Europäer unbekannt – werden hemmungslos konsumiert, wovon der Zustand der grönländischen Zähne häufig Zeugnis ablegt. Die Knirpse sind mit Spielzeugpistolen ausgerüstet. Ich winke ihnen zu, und diese kleinen Fieslinge ballern ohne Vorwarnung auf mich los. Ich fasse mir an die Brust, drehe mich mit einem absolut realistischen Aufschrei einmal um mich selbst und stürze zu Boden. Die Kinder jubeln und schießen erneut drauflos, so an die zehn Mal, sie bekommen nicht genug von meiner Schauspielkunst.

---

* In Frankreich wird ein Eis am Stiel mit Schokoladenüberzug als Eskimo bezeichnet (Anm. der Übersetzerin).

In dem kleinen Hafen verstauen Fischer ihre Netze, eine tagtägliche Pfriemelarbeit in Endlosschleife. Auf dem Anlegesteg ist ein Mann in rotem Overall mit einer soeben erlegten Robbe beschäftigt.

WARNUNG: Die folgende Szene kann auf empfindliche Gemüter verstörend wirken.

Der Jäger dreht das Tier auf den Rücken, zieht sorgfältig die Haut ab und legt sie beiseite. Er öffnet den Bauch, nimmt die Eingeweide heraus und wirft sie ins Meer. Dann tranchiert er das Fleisch und gibt es in eine große Schüssel. Nach einer Viertelstunde sind nur noch ein Robbenskelett und eine Blutlache übrig, neben der schon bald Kinder spielen werden, ohne sie überhaupt wahrzunehmen.

Brigitte Bardot hätte dieser Anblick nicht gefallen. Seit 1977 führt die französische Schauspielerin und Aktivistin an der Seite von Greenpeace das, was sie »den Kampf ihres Lebens« nennt. Auf dem kanadischen Packeis nimmt sie Robbenbabys auf den Arm, setzt Himmel und Erde in Bewegung, um die Robbenjagd zu verbieten, und ist damit recht erfolgreich. Ihre Lobbyarbeit bei internationalen Organisationen lässt die Exporte von Fellen sinken und trifft so Grönlands Wirtschaft: Die Menschen werden ärmer, und dabei gehört die Robbe nicht einmal zu den vom Aussterben bedrohten Arten. Die Robbenjagd in Grönland zu verbieten wäre so, als würde man den Chinesen verbieten, Reis anzubauen. In einem Land ohne Landwirtschaft und Industrie haben Jagd und Fischfang schon immer die Überlebensgrundlage gebildet. Über Jahrhunderte haben die Inuit eine Robbenkultur aufgebaut. Sie ist Teil ihrer Identität. Ohne Robben keine

Nahrung, keine Kleidung, kein Licht. Ohne Robben keine Inuit.

Versetzen wir uns einmal in die Lage eines Grönländers: Deine Insel wurde kolonialisiert, deine Kultur zerschlagen, deine Umwelt verschmutzt, und eine Schauspielerin, die Hunger nicht kennt, will eine Aktivität verbieten, die dein Volk seit eh und je ernährt. (Ich persönlich fände es nicht nett, wenn mich eine grönländische Schauspielerin beschimpfen würde, weil ich Brot esse – wobei das Baguette, wohlgemerkt, nicht vom Aussterben bedroht ist.) Muss man da noch erwähnen, dass Brigitte Bardot in Grönland nicht sehr beliebt ist?

Mein Jäger wischt seine Brille ab, auf der das Schlachten Spuren hinterlassen hat. Er nimmt die Leber, schneidet eine ordentliche Scheibe ab und verschlingt diese mit einem Happs. An seinem zufriedenen Kinn rinnt ein bisschen Blut herunter. Dass man nach dem Zerlegen einer Robbe die rohe Leber verspeisen muss, war also kein Scherz für Touristen. Der Robbenjäger hebt den Kopf, lächelt und blickt mich fragend an.

Da haben wir's.

Mit dem Stück Leber in seiner Hand wedelt er in der Luft.

Man darf nie die Gastfreundschaft der Ortsansässigen ablehnen. Ich danke ihm, *qujanaq*, um ein paar Sekunden zu gewinnen.

Der Jäger wartet. Ich zaudere. Mein Gehirn läuft auf Hochtouren, um eine Ablenkungsstrategie zu entwickeln. Ich glaube nicht, dass ich das Stück Fleisch unbemerkt in meiner Tasche verschwinden lassen und pfeifend von dannen ziehen kann, als wäre nichts gewesen. Ich könnte so was wie

»Hey, schau mal, hinter dir, ein Eisbär!« versuchen und dann wegrennen, aber dieser Trick ist bei den Inuit ein alter Hut. Wegschwimmen? Der sichere Tod. Nein, ich sitze wirklich in der Klemme. Manchmal muss man sein Schicksal einfach akzeptieren.

Ich beiße in die Leber. Kaue vorsichtig. Das Fleisch ist schwammig, klebrig, salzig, widerlich. Hinunterschlucken. Mein Freund wirkt zufrieden.

Ich nehme all meine Höflichkeit zusammen und bringe ein *mamaq* hervor (was so viel heißt wie »lecker«), dazu zeige ich ihm den Daumen hoch, auch wenn mein tiefstes Inneres »bähääähhh« schreit. Für die Schönheit des kulturellen Austauschs kann der Magen doch wohl ein kleines Opfer bringen.

Anschließend helfe ich meinem Kumpel, die Schüssel voller Robbenfleisch bis zu seinem grünen Haus zu schleppen. Die Bereitschaft, einander zu unterstützen, ist Voraussetzung für das Überleben in einer menschenfeindlichen Umgebung. Danach bringt er mich mit seinem Boot zur *Atka*. Wir geben uns die Hand. Er hat kein einziges Wort gesagt.

Das Schiff ist von einer Piratenbande geentert worden. Eine Gang von Inuit zwischen sechs und zwölf Jahren krakeelt an Deck herum. Zu fünft oder sechst zusammengepfercht sind sie in ihrem Schlauchboot, so ein Strandspielzeug made in China, die hundert Meter zum Schiff gerudert. Niemand passt auf sie auf, obwohl sie nicht einmal schwimmen können, denn niemand in dieser Gegend kann schwimmen. (Wo soll man das auch lernen? Die Wassertemperatur des Meeres lädt nicht gerade zum Planschen ein, und in Grönland gibt es – soweit ich weiß – nur ein einziges Schwimmbad, nämlich in Nuuk. Die Inuit, Volk der Seefahrer und Erfinder des

Kajaks, setzen nie auch nur einen Fuß ins Wasser.) Vom westlichen Standpunkt aus purer Leichtsinn. Aber die hiesige Auffassung von Erziehung ist nicht dieselbe wie bei uns. Die Kinder sind Könige, und die Tradition lässt viel Spielraum, geht manchmal sogar bis zur Fahrlässigkeit. Als ich im Dorf spazieren gegangen bin, habe ich zwei Fünfjährige rauchen gesehen, ohne dass sich jemand darüber aufregte. Das Erreichen des Teenie-Alters ist ein echter Schock. Schluss mit der märchenhaften Freiheit des Kindseins, jetzt heißt es Platz machen für das echte Leben, mit all seinen Einschränkungen. Nimmt man die Perspektivlosigkeit und Identitätskrisen einer Gesellschaft im Umbruch dazu, erhält man eine dramatisch hohe Selbstmordrate bei den Jugendlichen, vor allem in den Städten.

Die Kinder aus Qeqertaq sind allerdings gut drauf, gewitzt und überhaupt nicht schüchtern. Für sie sind wir Exoten, auch wenn sie manchmal im Sommer andere *qallunaat* (Weiße) zu Gesicht bekommen, die in kleinen Gruppen in Kajaks vorbeipaddeln. Doch unser Kajak ist verlockender. An Bord sind die Kinder ganz fasziniert von den Skizzen des Malers, die ihr Dorf zeigen. Sie akzeptieren unseren Maestro als einen der Ihren, er schneidet seine besten Grimassen und bringt sie so zum Lachen. Ich gebe ihnen meinen Fotoapparat, den ich eine Stunde später mit rund hundert Bildern mehr auf der Speicherkarte zurückbekomme. Der Kapitän sichert sich seine Beliebtheit, indem er Kekse hervorholt. Ein Sturm der Begeisterung lässt die *Atka* schwanken. Akzeptanz auf beiden Seiten.

Qeqertaq ist einladend, hier werden wir eine Weile bleiben. Dieses Dorf macht keinen unglücklichen Eindruck. Die Lage ist paradiesisch, die Umwelt unversehrt. Ein überschaubares Gemeinwesen, fernab der Zivilisation. Das gesellschaftliche Leben wird nicht durch eine betonlastige Städteplanung zerstört. Hier bringt keine Kneipe die betrunkenen menschlichen Wracks hervor, wie man sie anderswo trifft. Die Abgeschiedenheit hat ihr Gutes. In Qeqertaq ist man zwar nicht reich, aber das muss man auch nicht zu sein, denn hier mangelt es einem an nichts Lebenswichtigem.

KAPITEL 16

In Qeqertaq gibt es zwei Geschäfte. Neben dem unvermeidlichen *pisiniarfik* bietet ein einfacher Laden noch TUC-Cracker an, Kruzifixe, Penthouse-Kartenspiele und Nutella. (Auch wenn aufgrund der hiesigen Temperaturen die Streichcreme steinhart ist.) Die Besitzerin ist eine junge Großmutter mit einnehmendem Lächeln. Mit ihren kurzen Haaren, ihrer Brille und den rundlichen Wangen entspricht sie dem weiblichen Typus, der hier am weitesten verbreitet ist. Sie heißt Hanne und spricht Englisch.

»Hätten Sie einen Augenblick Zeit, um mit mir über das Leben in Qeqertaq zu sprechen?«

»Natürlich, aber nicht jetzt, ich muss mich noch um den Laden kümmern. Wir können uns in einer Stunde bei mir zu Hause treffen.«

»Einverstanden.«

»Das weiße Haus ganz oben im Dorf. Du kannst schon mal hingehen, die Tür ist offen.«

Ich lümmle auf einem Ledersofa rum, in Socken, bei Menschen, die ich nicht kenne, und versuche, die Situation auf Paris zu übertragen: Ich gehe zum Laden an der Ecke und frage den Besitzer »Hi, willst du mir nicht etwas über dich erzählen?«, er antwortet »Klar, hier ist der Schlüssel zu mei-

ner Wohnung. Mach's dir bequem, ich komme gleich nach.«
Unvorstellbar.

Hier ist es gemütlich. Riesiger Flachbildfernseher, ein Tisch mit einem Computer mitten in einem Haufen Papierkram, gerahmte Bilder von Kindern und Enkeln, kitschige Dekoration mit Lokalkolorit (ein Stickbild mit Kajak-Motiv, billige Ölgemälde mit Sonnenuntergängen über Eisbergen, Wettkampfmedaillen, Glasvitrinen mit allerlei religiösem Nippes, eine Wanduhr in Form von Grönland). Die Heizung ist, wie in allen Häusern, voll aufgedreht. Knapp 25 Grad. Die Grönländer sind andauernd Temperaturschocks ausgesetzt.

Schaut man aus dem Fenster, sieht man Wäsche auf einer Leine trocknen. Die bunten Kleidungsstücke flattern vor dem Bergpanorama im frischen Wind und verleihen der Szene einen tibetanischen Touch. Unter einer Plane wartet ein Schneemobil auf den Winter, daneben ein Bootsmotor und ein Schlitten; die dort angebundenen Hunde langweilen sich in den Sommermonaten wohl zu Tode.

Hanne wird von ihrem Mann auf dem Quad nach Hause gefahren. An der lokalen Skala gemessen sind sie ein wohlhabendes Paar, auch wenn ihr Laden bescheiden ist. Sie leben in dem höchstgelegenen Haus im Dorf, und durch ihr Panoramafenster sieht man eine Landschaft, deren Anblick man genießen muss, solange es geht.

»Im Winter sehen wir neunundsechzig Tage lang die Sonne nicht. Das ist eine ganz schön lange Zeit«, erklärt Hanne und reicht mir eine Tasse Kaffee.

Sie ist in Ilulissat geboren und lebt seit sechsundzwanzig Wintern hier, seit sie Niels geheiratet hat, der – wie nicht anders zu erwarten war – Fischer ist. In Qeqertaq fängt man

Kabeljau und Heilbutt, die in der Fabrik im Dorf weiterverarbeitet und anschließend exportiert werden. Der Betrieb ist den Schwankungen des Klimas unterworfen. Das Wetter ändert sich und mit ihm das Leben.

»In den Achtzigerjahren waren wir von Oktober bis Juni vom Packeis eingeschlossen. Jetzt nur noch von Januar bis April.«

Was Hanne bei sich vor der Haustür feststellt, erfahren die Wissenschaftler durch Messungen. In der Arktis sind, ungeachtet jährlicher Abweichungen, Fläche und Dicke des Packeises in einem halben Jahrhundert durchschnittlich um die Hälfte zurückgegangen. Eine tief greifende Veränderung für das Gleichgewicht der Erde mit ortsspezifischen, kurzfristigen Vorteilen. Die Fischfangsaison ist länger, einige Fischer verdienen besser. Für die meisten Grönländer ist der Klimawandel kein Grund zur Sorge, viele betrachten ihn sogar als eine Chance.

»Und hier gibt es Eisbären?«

»Letztes Jahr haben wir einen gesehen. Aber seit fünfzehn Jahren wurde hier keiner mehr erlegt.«

Der Sohlengänger darf in Grönland gejagt werden, rund hundert Tiere pro Jahr, eine Quote, die nicht immer erreicht wird. Der Bär ist die edelste Beute. Bei westlichen Gemütern mag das auf Unverständnis stoßen; wir sind Bilder von abgemagerten, umherirrenden Eisbären auf zerbrechenden Eisschollen gewohnt. Doch dieses Bild ist zumindest sehr vereinfachend. Ein magerer Bär auf dem Eis – das ist nach der Winterruhe nichts Ungewöhnliches.

Lassen wir den Abenteurer Nicolas Dubreuil zu Wort kommen, einen Franzosen, der sich mit diesem Thema auskennt, denn Grönland ist seine Wahlheimat, und auf seinen Expeditionen begegnet er häufig Bären. »Die Klimaerwärmung ist erwiesen und besorgniserregend [...], aber der Eisbär ist nicht das richtige Symbol dafür. Weniger Packeis kann allerdings auch weniger Phytoplankton bedeuten, das am Anfang der Nahrungskette steht.« Dieses Problem, das noch zu jenem der nicht sichtbaren Verschmutzung durch die Industrie hinzukommt, bedroht Fische, Robben, Bären, Menschen, einfach alle. »Doch die Öffentlichkeit lässt sich nicht so leicht für das Schicksal von Phytoplankton mobilisieren.« Nicht so sexy. Reicht das als Grund aus, um auf Eisbären zu schießen? »Angesichts der 2500 Geburten von Bären pro Jahr stellt die traditionelle Jagd der Inuit noch lange keine Bedrohung für die Spezies dar«, meint Dubreuil. Wir dürfen uns zu Recht über das Massaker, das an der Umwelt verübt wird, empören. Doch die Empörung geht in die falsche Richtung, wenn wir uns von der Gefühlsduselei und den emotional aufgeladenen, schockierenden Bildern leiten lassen, die den Blick auf das große Ganze versperren.

Jahrhundertelang bildete die Fauna die alleinige Lebensgrundlage der Grönländer. Mit den gesellschaftlichen Entwicklungen, den gesetzlichen Regelungen und auferlegten Quoten wurde aus diesem Jägervolk ein Fischervolk. Ein wirtschaftlicher und vor allem kultureller Umbruch, der das traditionelle Leben maßgeblich verändert hat. Auch wenn heute nur ein kleiner Teil der Bevölkerung vom Wild lebt, gehen die meisten grönländischen Männer weiterhin auf die Jagd. Das gilt für die Alten aus dem Dorf wie für die jungen, von der Globalisierung geprägten Städter. Man jagt Robben, Rentiere, Moschusochsen, Belugas oder Narwale. Dabei geht es auch um eine Art Initiationsritus: Bringt ein Junge Fleisch nach Hause, wird er zum Mann. So bewahrt man ein immaterielles Erbe, auch wenn der Jäger in der Moderne ein wenig von seinem Ansehen eingebüßt hat.

Hanne erzählt uns, dass sie den Walfang nicht gutheißt.

»Ich war einmal dabei. Ein Wal weint, wenn man ihn harpuniert. Das macht mich traurig.«

Ich schicke mich an, Auf Wiedersehen zu sagen. Hanne geht zum mit allerlei Fisch und Fleisch gefüllten Eisschrank und will mich nicht ohne zwei große Kabeljaufilets ziehen lassen.

»Eine letzte Frage noch: Wie sagt man ›Jagd‹ auf Grönländisch?«

»*Piniarneq*.«

»Niels, gehen Sie bald wieder auf Robbenjagd?« Hanne erkundigt sich für mich bei ihrem Mann.

»Ja, morgen.«

KAPITEL 17

Zu Beginn der 1920er-Jahre stellt der amerikanische Filmemacher Robert J. Flaherty seine Kamera bei den Inuit in der Hudson Bay im Norden Kanadas auf. Das Werk, das so entsteht – *Nanuk, der Eskimo* (Originaltitel: *Nanook of the North*) –, gilt als der erste lange Dokumentarfilm in der Geschichte des Kinos. Ein ethnologisches Zeugnis, das den rauen Alltag einer Familie zeigt und die Lebensweise der Arktisbewohner einfängt. Ein Volk ohne Schriftkultur, das herausragende Überlebensfähigkeiten entwickelte, einen Einfallsreichtum, der unbedingt Respekt einflößt. Nanuk, der Architekt, baut ein Iglu mithilfe eines einfachen Eismessers. Nanuk, der Jäger, spürt einen jungen Eisbären in seiner Höhle auf, macht sich im Kajak auf die Pirsch, bohrt ein Loch ins Packeis und lauert mit der Harpune in der Hand den Robben auf. Nanuk, der Familienvater, baut einen kleinen Bogen für seinen Sohn. Nanuk, der Händler, verkauft seine Tierfelle am Handelsposten, wo er zum ersten Mal ein Grammofon sieht. Dieser Film ist ein Gedicht, gebannt auf Filmrollen, er faszinierte das westliche Publikum und trug dazu dabei, das prähistorische Bild vom Eskimo für alle Ewigkeit festzuhalten; dabei war dieser schon damals durch seine Begegnung mit der Moderne im Aussterben begriffen. Eine kleine Anekdote: Während der Vorführungen dieses

Films begann der Vertrieb einer leckeren Süßspeise, bestehend aus Eiscreme mit Schokoüberzug an einem Stiel, die in Frankreich Eskimo getauft wurde.

Im Jahr 2015 muss sich Niels nicht mehr mit einem Kajak und einer Harpune herumschlagen. In seinem Motorboot liegen zwei Kleinkalibergewehre, rostig vom Salz und mit Klebeband notdürftig repariert. Mit an Bord sind außerdem ein Gaskocher, ein Wasserkanister, einer mit Benzin und eine große Wanne. Und ein langes Eismesser, das einzige Werkzeug, das er mit Nanuk gemein hat. Über seinem Blaumann trägt Niels einen Overall, außerdem hat er eine Mütze auf; ein kleiner Schnurrbart sticht aus seinem rundlichen Gesicht mit leuchtenden, fröhlichen Augen hervor. Er hat breite Schultern und strahlt in jeder Hinsicht Gutmütigkeit aus. Es ist schwierig, wenn nicht gar unmöglich, ihn nicht sympathisch zu finden. Niels spricht kein Wort Englisch – kein einziges – und hat sich einverstanden erklärt, den Maler und mich auf diese *piniarneq*-Tour mitzunehmen. Niels weiß, wo sich die Robben aufhalten, und im Gegensatz zum Franzosen, der niemandem preisgibt, wo Pilze wachsen, teilt der Grönländer sein Wissen gern. Mit hoher Geschwindigkeit nehmen wir Kurs in Richtung Nachbarinseln. Es ist Nachmittag, die Bedingungen sind ideal: ruhige See, blauer Himmel, kein Wind.

Robben *(puisit)* gibt es hier reichlich. Man kann sie das ganze Jahr über jagen, die Vorschriften sind lockerer als diejenigen für die anderen Tierarten. Jeder darf damit seinen Eigenbedarf decken. Alles an *puisi* schmeckt gut. Gekocht und mit Zwiebellauch gewürzt wird daraus *suaasat*, das grönländische Nationalgericht. Auch *kiviaq* kann man damit zubereiten; dafür lässt man Vögel in einem zugenähten Robbenfell vor sich hin faulen – eine Rezeptur, die einige zu vertrauensselige Abenteurer das Leben kostete. Ein Robbenfell geht für rund dreißig Euro über den Ladentisch. Die Hunde fressen die Reste auf. Niels tötet pro Jahr zwei oder drei Robben, zusätzlich zum Fischfang.

Man täuscht sich gewaltig, wenn man meint, es sei einfach, Robben mit einem Knüppel auf dem Packeis totzuschlagen. Die Jagd im Winter erfordert Geduld, eine ausgereifte Methode und Kälteresistenz, um stundenlang vor den Atemlöchern auszuharren. In unserem Fall haben wir Sommer, und auf dieser Breite gibt es kein Packeis. Um die Tiere aufzuspüren, muss man mit den Augen die Wasseroberfläche absuchen; die Flugbahn der Vögel verfolgen, die über den Fischschwärmen kreisen; und in den Schaumkronen der Wellen eine kleine Schnauze ausmachen, die für acht Sekunden die Wasseroberfläche aufwirbelt und dann wieder abtaucht.

Niels, Zigarette im Mund und Gewehr in der Hand, sichtet achtzig Meter entfernt eine Robbe. Meine Fähigkeiten sind noch nicht so weit entwickelt, dass ich auf den ersten Blick eine Ringelrobbe von einer Mützenrobbe oder einer Sattelrobbe unterscheiden könnte. Niels kann das bestimmt, aber er ist gerade damit beschäftigt, auf sein Ziel zuzurasen. Er lässt das Steuer los, zielt und schießt im Stehen. Daneben. Er murrt vor sich hin. Der Jäger zu Land hat einen Vorteil gegenüber seinem Kollegen zu Wasser: Der Boden bewegt sich nicht. Von einem Schlauchboot auf kabbeliger See aus muss ein winziges, sich bewegendes Ziel in einiger Entfernung getroffen werden – und das mit einem schrottreifen Schießeisen. Nach einigen erfolglosen Versuchen hält Niels mir das Gewehr hin und zieht dabei schelmisch eine Augenbraue hoch, was so viel bedeutet wie »Willst du es mal versuchen?«.

Bevor ich auf diese Frage antworte, muss ich den Leser kurz mit einem psychoanalytischen Geständnis behelligen.

Mein Vater ist Jäger.

Die Jagd ist seine Leidenschaft. Seit etwa fünfzig Jahren steht er, sobald sich ihm die Gelegenheit bietet, mitten in der Nacht auf, um Berge zu besteigen und bei Morgengrauen eine leichtsinnige Gämse abzuknallen. Nie würde mein Vater eine Fleischerei betreten, seine Proteine holt er sich in der freien Wildbahn. Als ich noch ein Kind war, hat er kurz versucht, mich mit der Jagd vertraut zu machen; ich konnte nichts damit anfangen, er hat nicht weiter darauf beharrt. Davon geblieben sind mir schöne Erinnerungen an Ausflüge in die Berge und in Bezug auf die Jagd eine Form von Gleichgültigkeit, in der sowohl Ironie als auch Respekt ihren Platz haben. Kurz gesagt, ich habe noch nie auf ein Tier geschossen. Und jetzt, da man mir das vorschlägt, stelle ich fest, dass ich kein Verlangen danach verspüre.

Der Maler hingegen nimmt das Angebot an und lädt das Gewehr. Wir liegen auf der Lauer, der Motor ist aus. Lange Minuten verstreichen, wir schweigen konzentriert. Unser Jagdgebiet ist eine Wasseroberfläche, auf der sich in der Ferne Gruppen dahinziehender Eisberge vor der untergehenden Sonne spiegeln. Eine Sache, die ich bei der Jagd nie verstanden habe: Die geschärften Sinne verstärken die Verbindung zur Natur. Man verschmilzt mit ihr, bereit, erneut einzugreifen und die Rolle des Räubers zu übernehmen.

Eine freche Robbe taucht auf, und der in sich versunkene Mensch macht sofort Platz für den Krieger. Der Maler zielt, schießt einmal daneben. Zweimal. Dreimal. Er flucht und stampft mit den Füßen auf. Die Robbe ist blitzschnell weg, das lässt sie sich nicht gefallen.

Niels schlägt mir erneut vor, ich solle mein Glück versuchen. Ich zögere. Ich habe noch nie auf ein Tier geschossen, vielleicht ist das ja ein guter Grund, es zu probieren. Schließlich ist das Jagen – neben dem Sammeln – die älteste Tätigkeit des Menschen. Ich bin ein neugieriger Mensch auf der Suche nach lehrreichen Erfahrungen. Werde ich etwas über mich lernen (und vielleicht über die menschliche Natur), wenn ich unsere archaischen Instinkte bemühe? Wird sich der in mir schlummernde Urmensch in der eiskalten Wirklichkeit offenbaren, nach jahrzehntelangem Leben in der Stadt mit Zugang zu Supermärkten? Und verdammt noch mal, Jack London hat Robben gejagt, ich muss mich ranhalten, wenn ich als Abenteurer ernst genommen werden will. Niels zeigt sich großzügig und reicht mir ein paar Patronen, warum also sollte ich das Angebot ablehnen? Los, gib mir das Gewehr, *ikinngut*. Ich werde sowieso danebenschießen. Wenn Niels, der Grönländer, sein Ziel zehn Mal verfehlt, wie soll ich das dann schaffen?

Ein ahnungsloses Robbentrio taucht in der Ferne auf. Ich feuere zweimal bei Gegenlicht, auf ein Knie gestützt, eine stabilere, allerdings genauso wirkungslose Schussposition wie die meiner Begleiter. Die Robben tauchen unter. Ich bin enttäuscht, dass ich nicht getroffen habe. Ich bin erleichtert, dass ich nicht getroffen habe.

Fünf oder sechs Stunden auf dem Meer, das allmählich die Sonne verschlingt, sind wie im Flug vergangen. Die Vorstellung von Zeit wurde außer Kraft gesetzt. Niels zuckt enttäuscht mit den Achseln, lächelt jedoch dabei, wir werden ohne Beute nach Hause fahren. Wir haben uns weit von Qeqertaq entfernt, Niels drückt auf die Tube und fährt mit vierzig Knoten Slalom um die Eisberge. Auf diesem Boot gibt es keine Deckung, der Polarwind peitscht uns erbarmungslos ins Gesicht. Da kann ich noch so gut eingepackt und vermummt sein, ich friere ein. Ich will sagen, dass ich in meinem ganzen Leben noch nie so gefroren habe, aber mein Kiefer reagiert nicht mehr. Meine Finger werden trotz Skihandschuhen steif. Niels lässt von seiner mörderischen Fahrt ab, wühlt in einer Bodenklappe herum und reicht mir Fäustlinge aus Robbenfell. Es gibt keinen besseren Schutz gegen Kälte, kein Material kann da mithalten. Meine Finger tauen wieder auf. Danke, Niels. Danke, ihr Robben.

KAPITEL 18

Er ist runzelig, alt, grau – einfach hässlich; er treibt langsam auf die *Atka* zu. Die Sonne überflutet Qeqertaq, der Tag verspricht herrlich zu werden, und ausgerechnet ein alter, boshafter Eiswürfel muss diesen perfekten Morgen stören. Arrogant kommt er näher, verspottet uns. Dieser Störenfried könnte uns durchaus rammen oder einklemmen, sollten die Launen seines Kurses es ihm nahelegen.

Wir werden einen anderen Platz für das Schiff suchen müssen. Den Anker einholen, eine neue Stelle finden, den Anker auswerfen. Ein einstündiges Manöver – Zeit, die wir in diesem Dorf anders nutzen könnten, indem wir mit den Einwohnern reden, sie zeichnen oder rohe Robbenleber essen.

Wie hält man also einen schwimmenden Eisberg auf? Unsere zwei mutigen Seeleute beschließen, ihn von Hand zu bearbeiten. Er wirkt nicht sonderlich groß. Ungefähr zehn Meter breit, zwei hoch. Die unter Wasser liegende Masse bleibt die Unbekannte in der Gleichung. Der Kapitän und der Erste Offizier, verwegen, wie sie sind, springen ins Schlauchboot, um diesen Feind anzugreifen, dessen Stärke sie nicht kennen. Ihr heroisches Gehabe scheint mir etwas optimistisch. Der Erste Offizier hält das Steuer, der Kapitän eine lange Holzstange unterm Arm. Er will sie wie eine Lanze benutzen und den Eindringling wegschieben. Das Schlauchboot nimmt an

Geschwindigkeit auf. Feindberührung. Mit seinem ganzen Gewicht drückt der Kapitän die Stange gegen den Eisberg, während der Erste Offizier Gas gibt, um einen zusätzlichen Schub zu erzeugen, der es mit der Beharrlichkeit des Feindes aufnehmen kann. Don Quichotte und Sancho Panza kämpfen gegen die Windmühle aus Eis, ein zum Scheitern verurteiltes Vorhaben. Die Gesetze der Physik sind unerbittlich und haben nichts übrig für die Schönheit aussichtsloser Unterfangen. Der Eiswürfel rührt sich keinen Millimeter.

Natur: 1. Mensch: 0.

Wir suchen einen neuen Ankerplatz und akzeptieren – in einer Aufwallung pantheistischer Demut – die Tatsache, dass wir nirgendwo unsere Ruhe haben.

KAPITEL 19

Den Giebel der Hütte ziert eine zweisprachige Aufschrift:

Bienvenue chez les Ch'tinuits*
Tikilluarit Ch'ti

Dieser Kulturclash verlangt nach einer Erklärung, die nicht lange auf sich warten lässt. Sie erscheint in Gestalt eines hochgewachsenen Sechzigjährigen mit außerordentlich langem Schnurrbart. Der Herr trägt ein grün kariertes Holzfällerhemd, eine abgewetzte Latzhose und klobige Arbeitsschuhe. Er grüßt uns und reicht uns seine Karte.

Jeff Olsen
Reste-Collagen/Müll-Werke

Wir hatten bereits einige Tage zuvor von dieser speziellen Person gehört. Dazu muss man sagen, dass Jeff auffällt. Er ist Franzose und lebt einen Monat pro Jahr in Saqqaq (173 Einwohner), nördlichstes Dorf in der Diskobucht. Seit drei oder vier Jahrzehnten kommt er hierher. Er hat sich einen alten Container als Wohnsitz eingerichtet, mit Meerblick, und

---

* Willkommen bei den Sch'tinuits (Anm. der Übersetzerin).

das ganz ohne Probleme mit den Behörden. »Ich lebe wie ein Rom, aber ohne Stress mit den Bullen«, beteuert er voller Stolz. In Grönland gibt es keinen Boden in Privatbesitz. Dem Gewohnheitsrecht der Inuit zufolge gehören Boden, Jagdgrund, Gewässer und Schnee allen. Eine Art althergebrachter Kommunismus. Baust du hier ein Haus, gehört dir zwar das Haus, aber der Grund bleibt im Besitz der Gemeinschaft. Theoretisch kann jeder in deinem Garten picknicken.

»Der ist ein Genie«, hatte man mich im Vorfeld informiert – eine vielleicht etwas übertriebene Behauptung. Jeffs Visitenkarte deutet es an: Er ist ein Recycling-Spezialist. So dient die Tür einer alten Waschmaschine in seiner Hütte als Fenster – ein Verweis auf Nanuk, den Eskimo, der im Film ein Stück durchsichtiges Eis ausschneidet und es als Fenster in sein Iglu einbaut.

Jeff schenkt uns einen Ricard ein, schnorrt sich bei mir eine Zigarette, raucht sie zur Hälfte, kokelt sich den Schnurrbart an und steckt sich das Überbleibsel hinters Ohr. Er, der Recycler gegen Wachstum und Wegwerfgesellschaft, erläutert uns tausendundeine seiner einfallsreichen Schöpfungen und zeigt uns Fotos von anderen Hütten in der Umgebung, die er gebaut hat. Lange spricht er über seine Faszination für die hier zu findenden Steine, wobei er näher auf die geologischen Besonderheiten der Diskobucht eingeht (seine Ausführungen kommen bei mir überhaupt nicht an, denn im Erdkundeunterricht von Frau Castet, die wirklich gemein war, habe ich immer geschlafen). Anschließend erklärt er uns mithilfe eines Beispiels seine Versuche, den Grönländern den Schüttelreim schmackhaft zu machen. Das zeugt sehr wohl von Genialität.

Jeff ist zum Plaudern aufgelegt, wir hätten uns in aller

Ausführlichkeit mit seinen Lieblingsbeschäftigungen befassen können. Leider ist er gerade dabei, seine Zelte abzubrechen. Er reist noch heute ab, weshalb er nicht die wöchentliche Fähre nach Ilulissat verpassen darf. Von dort aus nimmt er das Flugzeug nach Kangerlussuaq, dann nach Kopenhagen, dann nach Paris und kehrt für die nächsten elf Monate zurück ins Land der Sch'tis.

Von dieser Begegnung bleiben mir nur eine Visitenkarte und all die Fragen, die ich nicht mehr stellen konnte. Wie ist er hier gelandet? Wie lange dauert es, bis ein Schnurrbart diese Länge erreicht hat? Was macht er in Frankreich? Ich würde auf Angestellter bei dem nationalen Stromanbieter Frankreichs tippen, oder Geigenbauer, oder Sozialpädagoge. Vielleicht ist er auch einfach nur eine Figur aus einem Comic.

Was auch immer es sein mag – er gehört zu jenen Menschen, die, nur ihren Launen folgend, sich räumlich und zeitlich begrenzte Autonomie erschaffen, bevor sie wieder in den Ozean der gesellschaftlichen Zwänge eintauchen. Jeff Olsen ist eine exzentrische und warmherzige Erscheinung, die so vergänglich wie ein Polarlicht wirkt und mit einem Schlusswort entschwindet:

»Grönland ist der letzte Freiraum, der mir bleibt.«

KAPITEL 20

Fahren wir weiter, an einen Ort, wo Menschen sich nicht niederlassen.
Die Bucht von Tartunaq, zwei Stunden von Saqqaq entfernt, wird uns diese Nacht aufnehmen. Ein langer Sandstrand, auf dem ein leeres Zelt steht – vermutlich das Basislager von Jägern – und eine von Jeff zusammengezimmerte Hütte. Wir gehen fünf Minuten zu Fuß und sind umgeben von vulkanartigem Gestein, der Boden ist bröckelig, übersät mit niedrigen Büschen und erstreckt sich bis zu einer Steilküste, die zum Meer hin abfällt. Alles strahlt eine gotische Wucht aus, die mit nichts, was wir bis heute gesehen haben, zu vergleichen ist.

»Dieser Ort ist aufgeladen.«

Der Satz des Ersten Offiziers fasst in seiner Einfachheit das zusammen, was wir vage spüren, aber nicht ausdrücken konnten. Ein Vibrieren. Jemand, bestimmt ich, macht eine spaßige Bemerkung über hier anwesende Außerirdische. Wir mögen darüber lachen, aber hier streift uns etwas besonders Magnetisches. In diesem geologischen Theater nehmen wir *etwas* wahr, das wir nicht erklären können. Wie soll man das beschreiben, ohne in eine für das New Age übliche Logorrhö zu verfallen?

Jemand hat versucht, die Steine in Grönland zum Sprechen zu bringen, und zwar mit einer gewissen Berechtigung, denn dieser Jemand ist Jean Malaurie, Urgestein der Ethnologie, Verfechter der Sache der Inuit, Autor von *Die letzten Könige von Thule*; das in den 1950er-Jahren erschienene Werk machte das Schicksal der Bewohner des hohen Nordens bekannt, die aufgrund der Errichtung einer amerikanischen Militärbasis ihres Landes und ihrer Lebensweise beraubt wurden. Jean Malaurie kann sich rühmen (und das lässt er sich auch nicht nehmen), die geistige Autorität zu sein, wenn es um die Arktis geht. Zusammen mit Claude Lévi-Strauss, dessen *Traurige Tropen* er in seiner Reihe *Terre humaine* herausgab, ist er einer der Fürsprecher des Wilden Denkens, das den autochthonen Völkern eigen ist. Eine Art und Weise, die Welt zu betrachten, fernab des utilitaristischen, westlichen Beharrens auf Vernunft und basierend auf animistischen Prinzipien, welche die »unsichtbaren Harmonien der Natur« zu entschlüsseln vermögen. Als ausgebildeter Geomorphologe versucht Malaurie, mit Steinen in einen Dialog zu treten. »Steine sprechen, sie sind ein Energiespeicher«, schreibt er. Im Geröll vernimmt er eine »Poetik des Raumes«, und er beschreibt bei den Jägern der Inuit ungewöhnliche Fähigkeiten sinnlicher Wahrnehmung, die sie beim Deuten der Landschaft leiten.

Ich setze meinen Fuß auf diesen Boden, der mit Zeichen aufgeladen ist; deren Sinngehalt erschließt sich mir, in Gesteinsdingen ein Analphabet, jedoch nicht. Ich blättere in einem Buch, das in einer mir unzugänglichen Sprache geschrieben ist. Wie lernt man das Alphabet des Urstoffes?

Steinaggregate ziehen unsere Aufmerksamkeit auf sich. Hier hat die Hand des Menschen Spuren hinterlassen. In dem wilden Durcheinander von Gesteinsbrocken erkennen wir Gebeine. Überreste von menschlichen Skeletten. Schädel. Wir gehen über einen Friedhof.

In den Dörfern zieren christliche Kreuze die Gräber. Hier nicht. Wer seid ihr, Leute? Seit wann seid ihr hier? Antworten bekommen wir keine. Weit und breit kein Lebewesen in Sicht, und die Toten sind nicht gerade gesprächig.

Der Friedhof ist offensichtlich sehr alt. Mir fällt ein Satz aus Jeffs Redeschwall ein, über die archäologischen Funde in dieser Gegend: »In diesen Gesteinen stecken vierzig Jahrhunderte Geschichte.«*

Wir machen ein Feuer und essen eine Kleinigkeit; die Skelette und die Mücken, die diesen Ort bewachen, leisten uns Gesellschaft. Zwei Seeleute, ein Maler und ein Schriftsteller nehmen auf einem alten Inuit-Friedhof den Aperitif ein und hoffen, dass sie nicht von einem altüberlieferten Fluch heimgesucht werden.

---

* Nach der Rückkehr von dieser Reise habe ich mich informiert:
Die von Jeff angesprochenen Funde stammen von der Saqqaq-Kultur, die im 9. Jahrhundert v. Chr. ausstarb. Diese Gräber gehören also mit Sicherheit nicht dazu, die Gebeine müssten längst zu Staub zerfallen sein. Im Übrigen gibt es bei Google keinen Treffer, wenn man »Tartunaq Friedhof« eingibt, vielleicht haben wir also eine bedeutende archäologische Entdeckung gemacht (und verkannt).

KAPITEL 21

Am nächsten Morgen gehen wir am Strand entlang, vorbei an den Gräbern, die Bergkuppe hoch, welche die Bucht von Tartunaq überragt. Der Anstieg ist steil. Mit den geologischen Schichten ändert sich der Boden, Geschichtsepochen ziehen unter unseren Füßen vorbei. Wir durchqueren einen kleinen Gebirgsbach, der uns mit Wasser aus dem Eisschild tränkt – Eis, das eine kleine Ewigkeit darauf gewartet hat, seine Reise in unseren Kehlen zu beschließen. Wir futtern ein paar Beeren auf die Gefahr hin, wie der Held in *Into the Wild* zu enden – der Erste Offizier versichert uns, sie seien essbar.

Ein Nebelstreifen versperrt uns die Sicht auf den Bergrücken, Nieselregen fällt weich auf unsere Schultern. Der erste Niederschlag auf der ganzen Reise. August nähert sich dem Ende. September kommt, und er ist nicht so gnädig wie seine Vorgänger.

Unsere Füße treten auf Patronenhülsen. Wir werden die Rentiere nicht sehen, für welche die Projektile bestimmt waren. Beim Abstieg machen sich einige Polarhasen aus dem Staub, so groß wie Büffel – na gut, wie Füchse. Sie sind pummelig (der Sommer ist fast zu Ende), weiß und überaus flink, ihre Schnelligkeit kompensiert die zu dieser Jahreszeit fehlende Tarnfähigkeit; eine gefährliche Sache auf diesem tollen

Boden in Grün, Braun, Rot und Violett. Hasen und ein Inuit-Friedhof in weniger als zwölf Stunden, wir werden bestimmt Ärger bekommen.

Am Ende des Abstiegs geht die Farbpalette in Beigetöne über. Wir bewegen uns jetzt in einer Welt aus Sandstein. Perfekt geformte Kugeln, so groß wie Golfbälle oder Lkw-Räder, scheinen nur darauf gewartet zu haben, dass wir mit ihnen spielen. Inmitten des Geröls bietet ein quaderförmiger Monolith von einer Perfektion, die Kubrick eifersüchtig machen würde, dem erschöpften Wanderer eine Bank zum Rasten. Dieser Stein ist zu präzise ausgearbeitet, um echt zu sein, und ich kann nicht anders, als erneut eine witzige Bemerkung über den Besuch von Außerirdischen in Tartunaq zu machen.

Nach diesem Spaziergang werde ich erfahren, dass die Diskobucht das einzige Vorkommen von gediegen Eisen beherbergt. Also jenes Eisen, das in der Erdkruste eher in metallischer als in Form von Erz vorkommt. Die einzige Lagerstätte weltweit.

Unser Gespür hat uns nicht getäuscht. Dieses Gebiet ist etwas Besonderes. Magnetisch geladen.

Meine Kameraden schlafen geräuschvoll den Schlaf der Gerechten, vollkommen geschafft von der heutigen Wanderung. Ich liege in meiner Koje und mache mir schnell ein paar Notizen.

Wir sind nun seit gut zehn Tagen unterwegs, und jeden Morgen erwachen wir in einem Traum aus Eis; die Eisberge halten uns die Treue. Jeder Tag bringt etwas Wunderbares mit sich. Man gewöhnt sich daran. Man erstarrt nicht mehr vor Staunen wie am ersten Tag, obwohl die Natur nichts von ihrer Erhabenheit eingebüßt hat. Schwindet unsere Fähigkeit, das Schöne zu würdigen, sobald wir uns daran gewöhnen? Schönheit ist eine Droge. Man merkt nicht, wie man allmählich abhängig wird. Erst, wenn sie an Intensität verliert, spürt man: Etwas fehlt. Derjenige, der Emotionen nachjagt, braucht seine tägliche Dosis, einen immer stärkeren Rausch, um die zerbrechliche Freude aufrechtzuerhalten, die er endlich aufgespürt hat. Er bricht erneut auf, einen Breitengrad weiter, eine Meile weiter nördlich, auf der Suche nach einem neuen Grund, in Entzücken auszubrechen. Die Jagd nach der Schönheit ist von vornherein zum Scheitern verurteilt, man muss sie intensiv genießen, während sie entschwindet.

Ein Geruch steigt mir in die Nase und stört meine Gedanken. Ja, man könnte tatsächlich meinen, es rieche nach Benzin.

Ich stehe auf. Dieser Vorgang ist nicht so einfach, wie man glauben mag, denn dafür muss ich mich aus einem Leinen- und Daunenschlafsack schälen und auf die Decke achten, die keinen Meter über dem Bett lauert. Ich stoße mir den Kopf und gehe in Richtung Kommandozentrale, in Unterhose und mit Stirnlampe.

Ich stehe vor dem Ofen.

Er explodiert.

Eine kleine Explosion. Nur ein Deckel, der in die Luft fliegt, und Rauch, der sich ausbreitet. Die Alarmanlage geht los. Drei Bretonen schrecken in Panik hoch. Nicht weiter schlimm. Wir müssen nur den Strom abstellen und sämtliche Türen sowie Bullaugen weit öffnen. Lieber im Kalten schlafen als den Erstickungstod sterben.

Drei Stunden später wird die Besatzung von einer Erschütterung geweckt.

Ein kleiner, kecker Eisberg ist gegen den Schiffsrumpf geprallt. Nicht weiter schlimm. Das Schiff ist schließlich so gebaut, dass es derartige Zusammenstöße aushält.

Trotzdem werden wir in Zukunft darauf achten, keine alten Inuit-Friedhöfe zu stören. Und wir werden uns vor Hasen in Acht nehmen.*

---

* Während ich diesen Absatz schreibe, bedient auf einmal eine unsichtbare Hand die Maus und scrollt in meinem Word-Dokument nach unten. Egal, welche Taste ich drücke, nichts passiert. Mein Mac, der bisher einwandfrei funktioniert hat, ist offenbar verhext.

KAPITEL 22

Beim Frühstück summt der Maler *J'aimerais tant voir Syracus** vor sich hin. Ich für meinen Teil würde so gern Qullissat sehen. Die Meerenge durchqueren und an der Diskoinsel anlegen, um diese verlassene Stadt zu besuchen, doch das Wetter durchkreuzt meine Pläne. Qullissat wurde 1924 in der Nähe einer Kohlengrube gegründet und zählte Tausende Einwohner, bis die Stadt 1972 nach Abbau des Flözes aufgegeben wurde. Ich hatte bereits Fotos gesehen, und angesichts des Flairs einer Geisterstadt wie aus dem Wilden Westen lief mir schon im Vorfeld das Wasser im Mund zusammen. Ich war gespannt auf den Anblick, den die Natur bietet, wenn sie nach vorübergehender menschlicher Präsenz wieder ihre Rechte einfordert. Ich werde diesen Zustand nicht zu Gesicht bekommen.

Das Meer ist aufgewühlt und die Sicht eingeschränkt, das Navigieren zur Diskoinsel würde zu viel Zeit kosten. Der Kapitän entscheidet sich für ein näher gelegenes Ziel, Kurs gen Süden, nach Ataa (oder Arveprinsens Ejland). Da Qullissat mir durch die Lappen geht – wahrscheinlich für immer –, komme ich noch einmal auf das Thema Bergbau zu sprechen.

Dank seines speziellen Untergrunds mit reichen Boden-

---

* Ich würde so gern Syrakus sehen (Anm. der Übersetzerin).

schätzen hat Grönland lange Zeit unter anderem Blei, Zink, Marmor und Silber exportiert. Die letzten Lagerstätten wurden zu Beginn der 1990er-Jahre aufgegeben. Im 21. Jahrhundert sind die Zechen auf dem besten Weg, wieder interessant zu werden. Während die Abgeschiedenheit und die dürftige Infrastruktur den Zugang zu den Bodenschätzen erschweren, begünstigt die globale Erwärmung den Abbau. Eine große Sache, über die ich mich mit Poul Krarup unterhalten habe, als ich in Nuuk war.

Poul ist Chefredakteur der Mediengruppe, welche die Inselbewohner mithilfe ihrer zwei Zeitungen *Sermitsiaq* und *Grønlandsposten* sowie über die englischsprachige Internetseite *The Arctic Journal* auf dem Laufenden hält. Außerdem bringt er eine Zeitschrift namens *Oil & Minerals* heraus, deren Existenz allein von der Wichtigkeit dieser Angelegenheit zeugt. Poul hat sich viel Zeit für mich genommen, obwohl er einige Ausgaben redaktionell abschließen musste. Er ist ein alter, bärtiger Däne ohne Illusionen; der Archetyp des Lokaljournalisten, dem man nichts mehr vormachen kann. Den größten Teil seines Lebens hat er in diesem Land verbracht, und sein Herz gehört ganz eindeutig hierher. »Aber in den Köpfen der Leute werde ich nie ein echter Grönländer sein«, vertraut er mir resigniert an.

Der Journalist fasst die Situation wie folgt zusammen: Inzwischen trifft die grönländische Regierung die wirtschaftlichen Entscheidungen. Sie kann Verträge mit den Bergbauunternehmen unterzeichnen, die ihre Chance gewittert und in Nuuk Büros eingerichtet haben. Die erhofften Gewinne sollen es ermöglichen, Arbeitsplätze zu schaffen und vor allem der finanziellen Vormundschaft durch Dänemark zu entkommen, das die Insel mit etwa 500 Millionen Euro pro Jahr subventioniert; das entspricht der Hälfte des grönländischen Haushalts. Und letztendlich soll dadurch die komplette Unabhängigkeit angestrebt werden. Grönland könnte somit ein eigenständiges Land werden.

Dieser ideale Plan stößt jedoch auf einige Hindernisse. Wenn man sich in die Hände multinationaler Konzerne in diesem Sektor begibt, die nicht gerade für ihre menschenfreundliche Einstellung bekannt sind, kann das zu einer anderen Form der Abhängigkeit führen. Mit ihren Milliarden sind die Bergbauunternehmen weitaus mächtiger als das kleine Grönland. Man kennt die sich wiederholenden Szenarien aus diversen afrikanischen Ländern, in denen die lokale Bevölkerung kaum von der Erschließung ihres Bodens durch ausländische Unternehmen profitiert.

Die Schaffung von Arbeitsplätzen würde zwar nicht unbedingt Schaden anrichten, jedoch wäre sie eher eine Randerscheinung. Ein paar Dutzend Jobs in der kürzlich erschlossenen Saphir- und Rubinmine. London Mining plant ein Eisenbergwerk, für das insgesamt dreitausend chinesische Arbeiter nach Grönland kommen sollen; das entspricht fünf Prozent der Inselbevölkerung. Eine tief greifende Veränderung in demografischer wie kultureller Hinsicht mit nicht einzuschätzenden Folgen.

Vor allem die Auswirkungen auf die Umwelt wären in hohem Maße unvorhersehbar. Ich stelle richtig: Die Auswirkungen auf die Umwelt sind in hohem Maße vorhersehbar. Die Inbetriebnahme eines Bergwerks bedeutet immer auch Verwüstung, und das Unvorhersehbare liegt im Umfang derselben.

»Trotz allem unterstützt die Bevölkerung im Allgemeinen den Bergbau«, fasst Poul zusammen. Eine Einschätzung, welche die Gespräche, die ich hier und da geführt habe, bestätigen. »Fuck the environment«, scherzt ein Beamter aus Nuuk, der mich zum Essen eingeladen hat. Der Satz klingt zwar provokativ, trifft seinen Standpunkt jedoch recht gut. »Uns steht so viel Fläche zur Verfügung, da können wir ruhig ein paar Quadratkilometer Natur opfern, wenn wir dadurch bessere Schulen und Krankenhäuser bekommen.«

Andererseits gibt es ein Projekt, das die Grönländer und ihre politische Klasse spaltet: der Abbau von seltenen Erden und Uran im Süden der Insel. Spricht man von Uran, geht es nicht nur um wirtschaftliche und ökologische Faktoren. Wird ein Land zum geostrategischen Jagdgrund der Großmächte, so kommt das seiner Unabhängigkeit wohl kaum zugute.

Die Möglichkeit der Offshore-Erdölgewinnung ist ebenfalls verlockend. Auch wenn man mit den Bohrungen zögert und die Erschließung bisher lediglich eine Hypothese für die ferne Zukunft ist, geht man von zehn Prozent der weltweit bekannten Reserven aus. Das schwarze Gold – ein weiterer Schatz mit Katastrophenpotenzial. Man stelle sich nur die Folgen einer Ölpest für eine Insel vor, die in erster Linie vom Fischfang lebt.

Im Augenblick ist nichts sicher. Die technischen sowie politischen Hindernisse und die Kursschwankungen der Rohstoffe können die ehrgeizigen Ziele scheitern lassen. Der Wunschtraum vom Bergbau ist vielleicht nur eine Fata Morgana. Die Zukunft ist noch nicht festgeschrieben.

KAPITEL 23

Wir gehen an Land und betreten die Vergangenheit. Noch ein verlassenes Dorf. Dieses hier hieß Ritenbek. In der Bucht schwimmt ein Eisberg, dessen Form an einen Wal erinnert. In den Windungen im Eis erkennt man ein Auge, die Barten, die Schwanzflosse eines Pottwals. Der Anblick irritiert: Er hält Wache vor Ritenbek, früher eine Walfangstation. Die Gebäude wurden um ein lang gezogenes Bauwerk aus Stein herum errichtet, in dem man wahrscheinlich die Wale zerlegte. Ein paar Schuppen mit baufälligen Dächern, in denen Spuren menschlichen Lebens überdauert haben. Eine verschimmelte Matratze, ein Kartenspiel, eine Handvoll Kerzen. Ein größeres, neueres Gebäude aus Holz dient offenbar in den Sommermonaten gelegentlich als Ferienlager. Im Inneren ein Sammelsurium aus ausrangiertem Werkzeug, alten Öfen, ramponierten Schulbänken; dazwischen liegen zerbrochene Walknochen.

Während wir durch das Geisterdorf schlendern, geben wir uns Ohrfeigen, um die Mücken zu verscheuchen. Wir laufen über dunkles Karminrot, gewagtes Magenta, Silbergrau, Hellrot und Kakigrün – Farbtöne, die diesem Landstrich einen schottischen Anklang verleihen. Wir gehen auch über Grabplatten, die gut erhalten sind. Entschuldigung für die Störung, Olaf Thorvard, 1860–1883. Hattest du ein schönes, wenn auch kurzes Leben? Olaf ruht für alle Ewigkeit unter der Erde, während andere, wie in Tartunaq, unter einem Haufen Steine begraben liegen. Hier gibt es beide Bestattungsmethoden. Im Sommer hob man ein Grab aus, im Winter bedeckte man die Toten mit Steinen, wenn der Boden gefroren war und man nicht graben konnte; das vermute ich zumindest. Ritenbek wäre eine gute Anlaufstelle für jemanden, der die Einsamkeit sucht und gern einen verstörenden Krimi oder einen achthundert Seiten langen Roman über den Walfang schreiben möchte.

Man darf die Bedeutung des Wals für die Geschichte dieses Landes nicht unterschätzen. Zur Erinnerung: Nach dem Verschwinden der Wikinger, Nachfahren von Erik dem Roten, gerät Grönland in Europa in Vergessenheit. Im 17. Jahrhundert finden englische, niederländische und deutsche Walfänger erneut den Weg zur grünen Insel. Sie gehen an Land, bleiben dort aber nicht lange. Ihre kurze Präsenz lässt das Interesse an diesen fernen Gegenden wieder aufflammen und veranlasst die geistlich und kommerziell motivierten Expeditionen von Hans Egede; der erste Baustein der dänischen Ansiedlung wird gelegt. Im 18. Jahrhundert basiert der Wohlstand von Ilulissat und der Diskobucht auf der Gewinnung von Walöl. Schon immer haben die Inuit Wale gejagt, die ihnen Nahrung und eine Wärmequelle lieferten.

Mit dem Schlauchboot düsen wir auf die andere Seite der Bucht, um eine kleine Felswand hinaufzuklettern. Die moosbedeckten Felsen sind rutschig, wir kommen nur langsam voran und geben acht, nicht dabei zu sterben. Oben angekommen ist die Aussicht umwerfend. Der gesprenkelte Horizont zieht sich über Dutzende von Kilometern hin, auch wenn

Nebelstreifen die Küsten der Diskoinsel vor uns zieren. So weit ging mein Blick noch nie. In der Ferne Land, ein dunkles Meer; lange Reihen von Eisbergen gleiten in der Dämmerung vorüber, während ein Vogelschwarm Streifenmuster in den Himmel zeichnet. Ich vermag nicht zu sagen, ob das der Anfang oder das Ende der Welt ist. Ohne Anzeichen menschlicher Präsenz, mit einem durch die beharrlich scheinende Sonne aus den Fugen geratenen Zeitgefühl, verbindet uns nichts mehr mit der Realität, wie wir sie kennen, abgesehen von diesen verdammten Mücken. Das regelmäßige Poltern erinnert uns daran, dass im scheinbar ewigen, zur Ruhe gekommenen Eis beachtliche Kräfte am Werk sind.

Ich trage Kopfhörer und höre *The Fool on the Hill*, reiße die Augen weit auf. Problemlos identifiziere ich mich mit der Figur aus dem Lied von McCartney, stehe auf diesem Aussichtspunkt, ein bescheuertes Lächeln auf den Lippen. Ich blicke in den Sonnenuntergang, fernab der Schandtaten der Menschen, und habe das Gefühl, zu verstehen, was sich hier abspielt. Nur das Gefühl.

Die Strömung treibt die Eisberge in Richtung Dorf. Einer von beachtlicher Größe interessiert sich für die *Atka*. Bis wir die Felswand hinuntergeklettert und an Bord gekommen sind, klebt der Eiswürfel bereits am Schiffsrumpf. Der Kampf, den notwendigen Freiraum um die *Atka* herum zu sichern, ist fester Bestandteil unseres Alltags. Wir bewaffnen uns mit Stangen und Bootshaken, um uns dem Eindringling zu stellen. Doch er ist nicht allein. Ein ganzes Heer umzingelt das Schiff, fest entschlossen, auf den Ankerplatz zuzusteuern und so zu verhindern, dass wir friedlich schlafen.

Da die Methode à la Don Quichotte sich nicht bewährt hat,

versuchen wir es mit einer anderen Taktik. Wir nennen sie die Lucky-Luke-Methode. Einen Eiswürfel mit dem Lasso zu fangen ist nicht so einfach, wie man es sich vorstellt (für all diejenigen, die sich eine solche Szene schon einmal vorgestellt haben). Der Maler lässt eine Leine in der Luft kreisen, wirft sie und verfehlt. Er wirft noch einmal, bekommt einen Eisvorsprung zu fassen, zieht die Schlaufe enger. In Siegerlaune schleppt das Schlauchboot einen kleinen Eisberg, der sich nicht so aufspielt wie seine Artgenossen, aus unserem Hoheitsgebiet.

Die Nacht werden wir in der Bucht vor dem verlassenen Dorf verbringen. Ich bin an der Reihe mit Kochen. Ich wickle einen großen Kabeljau, den der Maler gefangen hat, in Backpapier ein, während die Bretonen, in der Arktis tüchtig wie Sisyphus, die Vagabunden aus Eis wegdrängen oder umfahren. Der Strom lässt nicht nach, wir werden heute Nacht Wache schieben müssen.

»Julien, kannst du eine Schicht übernehmen?«

Mein Herz schwillt an vor Stolz, ich habe das Vertrauen der Profis gewonnen; sie sind der Meinung, ich könne nun für die Sicherheit des Schiffes Sorge tragen. Also komme ich in den Genuss des Privilegs, um drei Uhr morgens geweckt zu werden, damit ich neunzig Minuten im Regen stehen darf, mit konzentriertem Blick auf einen dicken Brocken, der uns langsam, aber arglistig, umkreist. Mein Blick muss abschreckend sein, denn der Eisberg schwimmt vorsichtig am Schiff vorbei und setzt seinen Weg fort. Angsthase.

KAPITEL 24

Auf der *Atka* kommen die einzigen lautstarken Verwünschungen – »Verdammte Scheiße!« – aus meinem Mund, wenn ich mir ungefähr fünfzehn Mal am Tag den Kopf an der Decke stoße, die permanent ihre Höhe verändert. Ansonsten ist die Stimmung gut, ausgelassen und heiter. Wir lachen viel, absurde Running Gags sorgen für ein unbeschwertes Zusammenleben und schweißen die Gruppe zusammen.

Auf einem Schiff läuft es nicht immer so problemlos. Der Maler berichtet von einem unausstehlichen, ja sogar gefährlichen Matrosen, der von seinen Kollegen überwältigt und bis zum Zielhafen im Frachtraum eingesperrt wurde. In Grönland wird ein derartiges Risiko durch ein seltsames Leiden verstärkt: eine Art Hysterie, auch Amoklaufen genannt. Sie zeichnet sich durch ebenso spontane wie heftige Episoden von Demenz aus. Jährlich zählt man mehrere Dutzend solcher Fälle. Das reicht von dem Typen, der auf einmal kreischend wie ein Besessener losrennt, bis zur lieben Oma, die plötzlich und ohne Grund ihre Nachbarn mit einer Axt attackiert und in Stücke hackt. Neurologen und Psychiater sind der Meinung, dieses Syndrom stehe im Zusammenhang mit den Schwankungen der Jahreszeiten. Der September ist der gefährlichste Monat. Wir haben Ende August. Ich bin zuversichtlich, dass uns diese Unannehmlichkeit erspart bleibt, meine Reisegefährten wirken psychisch stabil.

Unsere Persönlichkeiten sind unterschiedlich und stark ausgeprägt, aber die Sprache derer, die es immer woanders hinzieht, ist uns gemein. Jeder von uns hat eine erste, prägende Reise gemacht. Der Erste Offizier hat sein Elternhaus mit achtzehn verlassen und ist Richtung Afrika aufgebrochen, gegen den Willen seiner Eltern, um in die Schule des Lebens zu gehen, was ihm vernünftiger erschien als ein Studium. Der Maler überquerte im Alter von siebzehn Jahren zum ersten Mal den Atlantik. Er erzählt von den Hochs und Tiefs, die er auf seinen Fahrten als Einhandsegler durchlebte. Von dem einzigartigen Gefühl, das den Seemann beim Einschlafen überkommt, während das Schiff Kurs hält. Der Kapitän fand seine Berufung, als er im Team ein Schiff von Südfrankreich zu den griechischen Inseln steuerte. Das Abenteuer, mit dem für mich alles begann, spielte sich in Mexiko ab. Darüber habe ich einen Roman geschrieben, auf den weitere folgten.

Eine Reise ist nie nur reines Vergnügen. Wäre dem so, hätte sie nichts Lehrreiches an sich. Der Erste Offizier ging einmal in Mayotte mit 150 Euro im Gepäck an Land. Nach kurzer Zeit war davon nichts mehr übrig. »Ich hatte Hunger. Deshalb bin ich nachts aufgewacht.« Der Kapitän erinnert sich gern an eine legendäre Fahrt von den Kanarischen Inseln nach Kap Verde, bei der das kleine Boot mit einem Segel aus Sackleinen in einem Unwetter kenterte, sodass der Mast unter Wasser war – ausgerechnet an Silvester. »Uns war kalt«, fasst er die Situation zusammen. Ein explodierendes Pulverfass schleuderte den Maler in der Antarktis in die Luft – eine Erfahrung, die höchstwahrscheinlich nur relativ wenige Personen in der Geschichte der Menschheit gemacht haben. »Ich war so schwarz wie die Menschen in Trickfilmen.« Die oberste Hautschicht pellte sich allmählich, und ein paar Monate später hatte er wieder seine normale Hautfarbe.

Die erste Reise lässt einen nie wirklich los, sie bestimmt die Richtung, die man einschlägt. Sie verändert den Menschen für immer, der danach nur noch eine tief sitzende Angst haben wird, nämlich die, Beamter zu werden. Reisen bedeutet, sich auf die Suche nach etwas Prägendem zu machen. Sich der Langeweile zu verweigern. Sich das Recht zu nehmen, mit jeder Etappe ein neuer Mensch zu werden. Die Ansammlung von Erfahrungen begünstigt den stetigen Erwerb neuer Fähigkeiten. So hat zum Beispiel der Maler, da er ständig in Polargebieten unterwegs ist, gelernt, den Ruf eines brunftigen See-Elefanten nachzuahmen – und das sehr überzeugend. Eine Bereicherung, die ihren Preis hatte:

»Eines Tages hat mir ein See-Elefant ins Gesicht geniest, ich war voller Schleim, das hat bestialisch gestunken.«

Wo wir gerade von Geruch sprechen, werde ich unser »Badezimmer« beschreiben (die Anführungsstriche sind wichtig): ein Kabuff mit einem Schlauch, den wir äußerst selten nutzen, denn unsere Wasserreserven erlauben Duschen nur im Notfall. Seit Beginn unserer Reise habe ich mir nicht die Haare gewaschen. An Bord riecht es allmählich nach Moschusochse, trotz der schnellen Katzenwäsche.

Die Toiletten sind auch nicht komfortabler. Der Pumpmechanismus ist nervig, man kann nicht aufrecht stehen, und beim Sitzen stört die kalte Kloschüssel. Auch wenn wir das aus Sicherheitsgründen nicht tun sollten, pinkeln wir über

Bord. So sparen wir Wasser und genießen das bescheidene Glücksgefühl, uns an der frischen Luft zu erleichtern. Wir schätzen die Windrichtung, halten uns mit einer Hand fest, öffnen den Hosenstall und leisten einen bescheidenen Beitrag zur Erwärmung der arktischen Meere.

KAPITEL 25

Zwar kann ich keine Beweise zur Untermauerung meiner Hypothese vorlegen, aber ich glaube, in einem früheren Leben war ich Gandhi. Mein Karma ist offenkundig optimal. Was soll ich sonst getan haben, um diesen Regenbogen zu verdienen, der am Fuße der Steilküste auf den Horizont trifft, eine Brücke zwischen dem Meer und der Unendlichkeit spannt und dabei ein paar denkmalverdächtige Eisberge einrahmt? Alle Farben der Welt leuchten ausschließlich für mich – und drei Bretonen.

Dieses Bild kündigt das Ende einer langen Fahrt an, ungefähr fünfzehn Stunden, bis wir an der Diskoinsel anlegen. Während dieser Etappe sind die Eisberge verschwunden, zumindest fast. Nur noch ein paar vereinzelte Kolosse. Sie tauchen erneut auf, als wir an der Küste entlangschippern, deren Basaltwände 1000 Meter über dem Wasser emporragen. Gestern waren wir in Schottland. Heute erinnert die Landschaft an die Felsenkessel von La Réunion. Blicken wir einmal ungefähr sechzig Millionen Jahre zurück. Damals, als die Insel entstand, schlug ein Meteorit auf Yucatán ein, besiegelte so das Ende der Herrschaft der Dinosaurier und markierte den Anfang einer neuen, vorwiegend Säugetieren vorbehaltenen Ära.

Nach Tagen auf hoher See und Ankerplätzen an Orten

ohne auch nur einen Homo sapiens erreicht unsere Crew Qeqertarsuaq (oder Godhavn) mit dem festen Vorsatz, sich ordentlich die Kante zu geben. Von der stimmungsvollen Kontemplation allein wird ein Abenteurer nicht satt. Wir sind Menschen, wir brauchen die Wärme unserer Artgenossen, die einer Kneipe, wo gelacht wird, wo Musik die Herzen erwärmt, wo belebende Tropfen in den Adern einer Spezies fließen, die meint, ihr Wohlergehen gründe sich auf Herdendasein, Austausch, Brüderlichkeit. Einige unter uns mögen sogar davon träumen, die Brüste eines leicht beschwipsten Frauenzimmers zu befühlen. Wer weiß? Vielleicht kehrt ja eine Gruppe norwegischer Geologinnen nach drei Wochen Expedition auf der Eiskappe zurück, fest entschlossen, es sich gut gehen zu lassen, in den Armen eines tapferen Seemannes wieder Männergeruch einzuatmen und seinen Abenteuergeschichten zu lauschen?

Voller Tatendrang legen wir in Qeqertarsuaq an; die einzige Stadt auf der Diskoinsel, aber immerhin eine Stadt mit achthundert Einwohnern. Mit den Containern und den vom Rost befallenen Hafenanlagen verfügt sie zwar nicht über den Charme der Dörfer, dafür gestattet sie uns, vertraute Empfindungen wiederzuentdecken, wie auf Asphalt, auf einer Straße zu gehen. Bestimmt werden wir hier ein Restaurant finden, eine Kneipe oder irgendeinen Ort, wo man versacken kann.

Im Moment sind die Straßen leer und die Türen geschlossen. Kein Einheimischer in Sicht.

»Welcher Tag ist heute?«

Die See hat unsere Raum-Zeit-Orientierung durcheinandergebracht. Was interessiert uns, welcher Tag ist, wo wir ihn doch einfach leben?

»Ich glaube, heute ist Sonntag.«

»Ja, du hast recht, es ist Sonntag, aber ein Sonntag im tiefsten Grönland.«

Wir streifen durch die Stadt auf der Suche nach einem Lebenszeichen in dieser Einöde. Als wir einen Mann sehen, benutzt der Maler die universelle Körpersprache, indem er sich den Daumen verkehrt herum an die Lippen hält. Trinken? Wo?

Nirgendwo, bedeutet man uns. Morgen. Am Wochenende hat alles geschlossen. Enttäuschung.

»Und Internet?« (»Internet« muss man nicht pantomimisch darstellen – was bestimmt nicht so leicht ist –, Internet heißt in allen Sprachen »Internet«.)

Ich will unbedingt online gehen, um meine Nächsten an meine Existenz zu erinnern, um eine liebevolle Nachricht zu empfangen, eine gute Neuigkeit oder eine Rechnung. Im Laufe der Woche sind möglicherweise bemerkenswerte Dinge geschehen. Vielleicht sind wir die Einzigen, die noch nicht wissen, dass Tokio von der Landkarte gelöscht wurde oder dass Saint-Étienne Paris Saint-Germain geschlagen hat. Ich kann mich nicht erinnern, wann ich das letzte Mal eine Woche ohne Internet auskommen musste. Das digitale Fasten hat eine wohltuende Wirkung. Weit weg von Bildschirmen lüftet man sein Gehirn. Aber jetzt reicht es, ich bin gut durchlüftet und will mit meiner Familie reden.

Unser Gesprächspartner bedauert es sehr, er weiß nicht, wo man hier ins Internet kommt.

Auf einmal ein Lichtblick. Ein Schild verweist auf ein Hotel. Ein paar Treppenstufen. Eine Tür geht auf. Die Chefin am Empfang.

»Gluck gluck?«

»Nein.«
»Haben Sie kein Restaurant?«
»Geschlossen.«
»Internet?«
»Nein.«
»Haben Sie kein WLAN?«
»Doch, aber wir schließen jetzt.«
»Bitte.«
»Nein.«

Die Chefin, eine streng aussehende Großmutter, wirft uns einfach so raus, dabei wollen wir nur Liebe und Bier.

»Diese verdammten Lutheraner«, regt sich der Maler in einem Anfall legitimer Wut auf.

Es bleibt uns nichts anderes übrig, als uns unter Männern an Bord zu betrinken. Doch der Zustand unserer Vorräte ist besorgniserregend. Ein kleiner Rest Whisky für vier Personen, damit können wir keinen Abend totschlagen. Wir holen die Karten hervor. Vor Grönland eine Partie Doppelkopf zu spielen übersteigt meine Kräfte (warum nicht gleich Cluedo im Regenwald?). Der Maler fährt auf dem iPad Autorennen. Er redet mit sich selbst, beschimpft seine virtuellen Konkurrenten, meckert, wenn er einen Unfall baut. Der Erste Offizier schneidet Zwiebeln fürs Abendessen. Der Kapitän schreibt etwas ins Logbuch und repariert Leinen, wobei er mir ein bisschen Fachwissen vermittelt. Ich lerne, was ein Fallwind und ein Spleiß sind. Dieser Tag ist doch nicht ganz umsonst.

Glaubt nicht den Geschichten von Abenteurern, in denen ein extremes Erlebnis das nächste jagt. Jede Reise beinhaltet Leerlaufphasen und eine gewisse Portion Langeweile. In diesen Momenten holt das Abenteuer Luft.

KAPITEL 26

Der verhangene Himmel verstärkt die Tristesse, die seit dem Morgengrauen wie eine Decke über dieser Stadt liegt und sie lähmt. Wo sind die fröhlichen Kinder und die spontane Begrüßung, die wir anderswo erlebt haben? Wir flüchten uns in die Natur, planen einen langen Spaziergang von zwanzig Minuten, der infolge eines Wolkenbruchs und meiner Rückenschmerzen kürzer ausfällt. Ich kehre ins Hotel zurück, zu dem Drachen, der den Schlüssel zum Internet bewacht.

»Internet?«

»Ja, es funktioniert. Aber ich habe kein Papier mehr, um die WLAN-Passwörter auszudrucken. Also, nein, es funktioniert nicht.«

»Wann kann ich wiederkommen?«

»Heute Nachmittag.«

»Und dann funktioniert es?«

»Vielleicht.«

Die Hotelchefin ist so liebenswürdig wie eine in Guantánamo ausgebildete Gefängniswärterin. Ich bin auf sie angewiesen, sie weiß das. Ein Junkie auf Entzug, den sie mit einer Dosis digitaler Droge lockt. Diese Frau ist von Grund auf böse, das sieht man sofort, in ihrem Blick funkelt Grausamkeit. Sie will anderen schaden, auch wenn sie dadurch Verlust macht. Abgewiesen irre ich durch Qeqertarsuaq auf der Suche nach einer Internetverbindung. Es ist Montag.

Das Schild eines Internetanbieters weckt einen Funken Hoffnung in mir.

»Internet?«

»Nein, wir haben keinen öffentlichen Zugang.«

»Aber das hier ist doch das Telekommunikationsunternehmen, oder nicht?«

Der junge Angestellte hinter dem Schalter zeigt Mitgefühl.

»Versuchen Sie es im Hotel.«

Bei der Hexe.

»Dort habe ich es schon versucht, da funktioniert es auch nicht.«

»Willkommen in Grönland.«

Ziellos gehe ich umher, warte auf den Nachmittag. Ein Fußballplatz und ein brandneuer Skatepark langweilen sich, keiner nutzt sie. Die Teenager scharen sich um einen kleinen Imbiss, Pepsi vor der Nase, in Jeans, Turnschuhen, Daunenjacken und mit Käppis auf dem Kopf. Ich bestelle einen »grönländischen Döner«, um zu überprüfen, ob die kulinarische Globalisierung tatsächlich keine Grenzen kennt. In dem Restaurant neben dem Hotel trinkt eine junge Mutter einen Kaffee. Drinnen, im Warmen. Ab und zu wirft sie einen Blick durchs Fenster nach draußen, wo ein Baby in einem Kinderwagen schläft. Es ist Spätsommer auf dem 69. Breitengrad der Nordhalbkugel, die Temperaturen liegen noch über null.

Ich beginne eine Unterhaltung mit dem Restaurantmanager. Er schimpft auf den Kreuzfahrttourismus. Hin und wieder legt hier ein Passagierschiff an und entlädt tausend Menschen in diesen Flecken mit achthundert Einwohnern. »Eine schwierige Klientel, sie konsumieren nichts«, beschwert er sich, während aus dem Handy der Kellnerin *Gangnam Style* dröhnt. Ich verkneife mir die Frage: Was sollen sie denn auch konsumieren?

Endlich ist es Nachmittag, ich versuche erneut mein Glück bei der Hexe.
»Internet?«
»Nein.«
»Sie haben immer noch kein Papier für Ihren Drucker?«
»Nein.«
»Haben Sie im Laden nachgeschaut?«
»Ja.«
Ich werde sie anflehen.
»Vielleicht könnte ich den Computer da drüben benutzen, den brauchen Sie ja nicht. Bitte, ich würde gern wissen, wie es meiner Familie geht.«
»Nein, das geht nicht.«

Sie sieht sehr wohl, wie verzweifelt ich bin; sie spielt mit meinem Leid. Kein einziges Mal hat sie sich entschuldigt oder auch nur höflichkeitshalber gelächelt.

Vielleicht könnte ich sie körperlich angreifen. So tun, als interessiere ich mich für die blöden Souvenirs (vor allem Schlüsselanhänger in Form eines Kajaks) auf dem Drehständer hinter ihr. Um sie mir zu zeigen, müsste sie sich umdrehen, und dann könnte ich ihr einen ordentlichen Schlag ins Genick verpassen. Mit Tesafilm würde ich sie knebeln, um anschließend in aller Ruhe meine E-Mails zu lesen und ihr hin und wieder einen Tritt in die Rippen zu versetzen.

So weit hat uns das Internet also gebracht. Früher war ich ein lieber Junge, und jetzt schmiede ich Pläne, wie ich eine alte Oma ausschalten kann.

Ich besinne mich auf den Buddhisten in mir, damit ich mich als menschliches Wesen mit Entzugserscheinungen akzeptiere und von jeglicher Begierde und Leidenschaft lossage; anschließend gehe ich zum *pisiniarfik*, um Hochprozentiges zu kaufen.

Vor dem erstaunlich gut ausgestatteten Waffenregal geht meine Fantasie mit mir durch, und ich male mir die Schlagzeilen der morgigen Zeitungen aus: »Blutbad im Hotel in Qeqertarsuaq. Der Amokläufer, ein Franzose, gab wirre Äußerungen von sich. Angeblich wollte er auf Facebook gehen.«

Beim Prozess könnte ich einfach auf polare Hysterie plädieren.

Bevor ich in den Regen hinaustrete, der auf Qeqertarsuaq niederprasselt, fällt mein Blick auf die Ecke mit den Schreibwaren. Dort gibt es eine große Auswahl an Druckerpapier.

KAPITEL 27

Es ist acht Uhr abends. Arne empfängt uns, den Ersten Offizier und mich, mit Kaffee und Kuchen. Nachdem ich in einem halben Dutzend grönländischer Haushalte zu Gast war, stelle ich fest, dass Grönländer entgegen dem Klischee mehr Kaffee als Alkohol trinken. Natürlich ist Arne Fischer, aber auch Journalist. Er arbeitet als Korrespondent vor Ort für die Zeitung *Sermitsiaq*, und er zeichnet uns ein Porträt der Stadt, während seine Frau fernsieht.

Eine der Fischfabriken wurde 2008 geschlossen. Dreißig Arbeitsplätze gingen verloren, ebenso viele Familien verarmten. Es folgte der wirtschaftliche Einbruch, die Läden standen am Rande des Ruins, die Bevölkerungszahl nahm ab. In Qeqertarsuaq von 1100 auf 800 Einwohner. Das erklärt die hier herrschende düstere Stimmung.

»Warum hat die Fabrik dichtgemacht?«

»Es gab keinen Heilbutt mehr. Aber in den letzten Jahren ist der Heilbutt zurückgekommen. Jetzt gibt es viel davon.«

Die Launen der Fischbestände spiegeln die des Klimas.

»Wie reagieren die Leute hier darauf?«

»Die Ärmsten der Armen gehen weg, in die größeren Städte oder nach Dänemark.«

»Und haben sie dort ein besseres Leben?«

»Sicher nicht.«

Arne selbst hat in Dänemark gelebt und gearbeitet. Und ist zurückgekommen.

»Wir sind nicht Opfer eines aggressiven Rassismus, aber manche Dänen glauben, wir würden immer noch in Iglus leben. Andere haben einfach das Klischee vom alkoholsüchtigen Grönländer im Kopf, weil sie all die gescheiterten Existenzen in Christiania herumlungern sehen.«

Ich verstehe, was er meint. Als ich zum ersten Mal Grönländer sah, boten sie an einem Stand Marihuana-Stängel an, als Preisschild diente ein Stück Pappe. Das war in der Pusher Street in Christiania, dem anarchistischen Viertel in Kopenhagen, wo der Verkauf von weichen Drogen erlaubt ist.

»Dort habe ich die beklagenswertesten Grönländer gesehen«, sagt Arne voller Bedauern.

Städtebauliche Ironie: Der Treffpunkt dieses verwahrlosten Haufens liegt neben der Statue eines Inuks in einem Kajak. Krasser Kontrast zwischen dem Vorfahren, der sich stolz und aufrecht der Natur zuwendet, und den Nachkommen, die in dieser Stadt gestrandet und gescheitert sind.

»Ich lebe lieber hier. Hier herrscht ein sehr starker Gemeinschaftssinn. Zu viele Menschen gehen weg. Solange es Arbeit gibt, bleibe ich.«

In Arnes gelassener Äußerung schwingt Ergriffenheit mit.

»Trotzdem bin ich nicht optimistisch. Unsere Zukunft ist ungewiss.«

Die Kaffeekanne ist leer. Arne bringt uns zurück zum Hafen, wobei er ein paar Umwege fährt, um uns die interessanten Ecken von Qeqertarsuaq zu zeigen. Hier eine Bar, die schließen musste. Dort ein Bauunternehmen, das nach Ilulissat umgezogen ist.

»Auf dieser Fläche werden seit letztem Jahr Kartoffeln angebaut. Durch die Klimaerwärmung wird jetzt auch Landwirtschaft für uns interessant.«

Wir fahren am Altenheim vorbei. In den traditionellen Gesellschaften der Inuit gingen die Alten fort, um auf dem Eis zu sterben, damit sie ihrer Familie nicht zur Last fielen. Heutzutage stirbt man im Sterbeheim, wie bei uns.

»Seht euch dieses Haus an. Das hat drei Millionen Kronen gekostet. Gehört einem Paar aus Kangerluk, einem kleinen Dorf. Bescheidene Leute, sie waren früher Reinigungskräfte. Und dann haben sie eines Tages sieben Millionen im Lotto gewonnen.«

Mit diesem Märchen im Ohr, das immerhin ein bisschen Licht ins graue Qeqertarsuaq bringt, brechen wir auf.

KAPITEL 28

Abfahrt nach Aasiaat, eine Stadt voller A, wo hoffentlich ein bisschen Lebensfreude herrscht. Auf halbem Weg machen wir auf der winzigen Insel Kitsissarsuit halt, siebzig Einwohner, der Name bedeutet »Hundeinsel«. Ich habe gelesen, dass dort traditionelle Kajaks gefertigt werden. Auch wenn es kaum mehr benutzt wird, verkörpert das Kajak die Quintessenz des Fachwissens der Inuit. Es gibt fünfhundert Wörter für seine Einzelteile. Ein Gespräch mit einem Kajakbauer wäre bestimmt lehrreich.

Vor der kleinen Siedlung beeindruckt ein Denkmal aus den Kiefern eines Wals den Neuankömmling. Der zwei Meter lange Stoßzahn eines Narwals schmückt die Fassade eines Hauses und sorgt dafür, dass dem Maler das Wasser im Mund zusammenläuft, denn er sammelt Tierknochen. Der Stoßzahn eines Narwals ist nicht ohne. Wenn man den örtlichen Legenden glaubt, ist dieses gewundene Stück Elfenbein der Zopf einer alten Frau, die das Tier fangen wollte, um ihre Kinder zu ernähren; dabei wurde sie von dem Wal ins Meer gerissen.

Ein sogenannter Paul (»wie Sean Paul«, erklärt er) heißt uns willkommen, bevor er auf seinen Baggerlader steigt. Wir fragen, wo die Kajakwerkstatt ist, schaffen es aber nicht, uns verständlich zu machen.

Kitsissarsuit hat man schnell besichtigt. Die typischen *pisiniarfik*, Gerüste zum Trocknen der Fische, eine Kapelle und ein Spielplatz. Das Gemeindehaus ist mit einem Fresko verziert, das herumtollende Meeressäuger zeigt.

Eine kleine Frau kommt auf uns zu. Martha hat von unserer Ankunft gehört (Neuigkeiten verbreiten sich schnell auf Kitsissarsuit). Sie hat nur einen einzigen Zahn und trägt eine Plastiktüte mit ihren kunsthandwerklichen Erzeugnissen. Mützen, Fausthandschuhe aus Robbenfell, Schmuck. Martha ist hier aufgewachsen und hat nicht studiert; trotzdem ist ihr Englisch bemerkenswert gut.

»Sagen Sie, ich habe gelesen, hier werden Kajaks hergestellt.«

Sie bricht in Lachen aus.

»Hier wird gar nichts hergestellt.«

Informationen sollte man lieber doppelt checken.

»Und warum sagt man ›Hundeinsel‹? Im Vergleich zu anderen Dörfern sehe ich hier nicht sehr viele Hunde.«

»Im Sommer lagern wir sie auf den Nachbarinseln.«

(Hier *lagert* man Hunde. Sie werden als Zugtiere betrachtet, nicht als Haustiere.)

»Aber wir haben immer weniger Hunde, weil das Packeis immer weniger wird.«

Das habe ich schon überall gehört, bei Steeny in Rodebay, bei Niels in Qeqertaq und anderswo. Man verkleinert die Hundemeuten, passt den Bedarf an den Zustand des Packeises an.

»Und der Name der Insel, woher kommt der?«

»Das waren die Holländer. Als deren Walfänger hier anlegten, vor langer Zeit, haben sie Häuser und Hunde gesehen. Aber keine Menschen. Sie dachten, die Insel gehöre den Hunden. In Wirklichkeit waren die Bewohner auf der Jagd. Der Name aber ist geblieben.«

Ich kaufe Martha eine Strickmütze ab, danke ihr für ihre Ausführungen, und wir machen uns auf den Weg nach Aasiaat (oder Egedesminde), zwei Stunden Fahrt von hier aus, eine Megalopolis mit dreitausend Einwohnern, in der es sicher einen Internetzugang geben wird.

Der Wind steht günstig, das Großsegel flattert, zuversichtlich gleiten wir in den noch vor uns liegenden Tag. Stundenlang kein Eisberg in Sichtweite. Ich würde nicht sagen, dass sie uns fehlen, aber ein Gefühl der Leere macht sich in uns breit. Schnell wird es von einem Fischdampfer backbord vertrieben. Wir umfahren ihn so weit wie möglich, wollen seine Aktivitäten nicht stören. Offenbar umfahren wir ihn nicht weit genug, denn wir verfangen uns in der Schwimmschnur des Netzes. Motoren aus. Der Erste Offizier öffnet die Klappe zur Schiffsschraube, um den Schaden zu beurteilen. Alles in Ordnung. Der Fischdampfer kommt angerast, zwei Männer an Bord, einer davon schimpft lautstark auf Englisch:

»Wegen euch haben wir gerade 5000 Kronen* verloren.«

Der Kapitän macht beschwichtigende Gesten. Keine Panik, wir werden das schon klären. Der Fischer will davon nichts hören.

»Nein, das Netz ist kaputt.«

Er schnappt sich das Stück Netz, das sich unter dem Bug der *Atka* verfangen hat, und trennt es ab. Warum tut er das? Wir hätten es flicken können!

»Wir sprechen uns noch«, wettert er und zeigt dabei mit

---

* Etwa 700 Euro.

drohendem Zeigefinger in unsere Richtung, bevor er den Rückwärtsgang einlegt.

Nun gut. Wir schippern weiter gen Aasiaat, das sich bereits am Horizont abzeichnet. In aller Seelenruhe ziehen vier oder fünf Wale im Wasser ihre Bahnen. Gern geben wir uns der besänftigenden Wirkung dieses Schauspiels hin.

Eine Stunde später machen wir am Kai fest, bereit, uns ins Stadtleben zu stürzen, doch der Fischer fängt uns ab, immer noch auf Krawall gebürstet. Unser versöhnlich gestimmter Kapitän erklärt ihm, dass wir das Ganze wirklich bedauern, seine Schwimmschnüre aber nicht deutlich markiert waren und wir die Bojen weiträumig umfahren haben.

»Bedauern reicht nicht. Das hier ist Fischereizone. Wir haben euch über Funk informiert, dass ihr da nicht langfahren sollt.«

Es stellt sich heraus, dass wir nicht auf derselben Frequenz waren. Der Fischer will Geld, und zwar viel. Jetzt spricht er von 20 000 Kronen. Innerhalb einer Stunde hat sich der Wert des Netzes vervierfacht. Wir weisen ihn darauf hin, dass diese abrupte Inflation seine Glaubwürdigkeit beeinträchtigt.

»Ich bin Ingenieur«, brüllt der Fischer.

Ich habe keine Ahnung, warum er das sagt; mit unserem Problem hat das nichts zu tun. Brülle ich etwa bei jeder Gelegenheit »Ich bin Schriftsteller«? Das Gezanke geht weiter. Der Ton wird schärfer. Der Alte, der den Fischer-Ingenieur begleitet, zieht ein Messer und richtet es auf uns. Er droht, unsere Leinen zu kappen und unsere Segel zu zerfetzen.

»Ich rufe die Polizei«, verkündet ungestüm die Inuit-Ausgabe von Joe Dalton.

»Nein, *wir* rufen die Polizei«, erwidert der Kapitän.

Unsere Angreifer entfernen sich. Sie wollen es nicht dabei belassen. Diese verworrene Situation sollte möglichst nicht aus dem Ruder laufen. Wenn das hier eskaliert, ist es eher unwahrscheinlich, dass sich die lokale Bevölkerung auf unsere Seite schlägt. Wäre ärgerlich, die grönländische Fischereigewerkschaft gegen sich zu haben – vor allem, da hier jeder Fischer ist. Sollen wir also zahlen? Uns wehren? Wird man uns aus Grönland ausweisen?

Der Erste Offizier und der Maler bleiben an Bord, um das Schiff zu bewachen; Joe Dalton soll schließlich nicht in die Versuchung kommen, sich in Naturalien zu entschädigen. Ich begleite den Kapitän auf der Suche nach der Polizeiwache. Wir werden fündig. Sie ist geschlossen.

Als wir zurückkommen, stehen die Hüter des Gesetzes in Gestalt zweier Polizeibeamter an Deck der *Atka*. Der Maler mit seiner Seeräubermentalität hegt ein abgrundtiefes Misstrauen gegenüber Uniformierten. Auf mich hingegen macht dieses Polizistenduo einen guten Eindruck. Ein Grönländer und ein junger Däne, sie scheinen anständig zu sein und bei gesundem Menschenverstand. Aber was macht dieser Kameramann da auf unserem Schiff? Ein dänisches Fernsehteam dreht eine Reportage, bei der es die grönländische Polizei hautnah begleitet. Hier ist wohl nicht viel los, sie sind wirklich froh, sich diese – wenn auch lächerliche – Story unter den Nagel reißen zu können.

Ich mime den Dolmetscher, weil ich von allen noch am besten Englisch spreche, und auch, weil ich liebend gern Schlichter spiele – ich bin der Typ, der dazwischengeht, wenn zwei Kerle sich prügeln wollen.

Sobald beide Seiten die Situation geschildert haben, gibt der dänische Polizist uns zu verstehen, eine einvernehmliche finanzielle Regelung wäre die klügste Lösung. Ich antworte, dass wir uns zugunsten der französisch-grönländischen Beziehungen bemühen werden, es jedoch offensichtlich sei, dass Joe Dalton von der Situation profitieren wolle, indem er uns abzockt, und dass das nicht ginge.

»Wir verstehen sehr wohl, dass er sich benachteiligt fühlt, aber wir haben nichts Falsches getan. Warum sollten wir also dafür zahlen?«

Der Polizist nickt mir zu und dolmetscht den Schlagabtausch zwischen dem Fischer und uns, um die Höhe der Entschädigung auszuhandeln. Das dänische Fernsehen lässt sich keine Sekunde davon entgehen. Wir werden im Spätprogramm zu sehen sein, in einer Sendung über das turbulente Leben der grönländischen Polizei.

Eine Skandinavierin in den Fünfzigern taucht auf und nennt uns ihren Beruf. Sie ist Staatsanwältin. Diese Sache nimmt unglaubliche Ausmaße an. Normalerweise arbeitet sie in Nuuk, sie ist nur wegen der Präsenz der Medien in der Gegend. Eigentlich darf sie sich in diese Angelegenheit nicht einmischen. Aber das Verhandeln zieht sich in die Länge, und wir wollen das Ganze beschleunigen, um endlich ein wohlverdientes Bier trinken zu gehen.

»Na schön. Sie vertreten doch das Gesetz, legen Sie einen Betrag fest, und gut ist.«

»Oh nein, ich kann mich da nicht einfach so einmischen, das entspricht nicht dem Prozedere.«

»Das verstehe ich. Könnten Sie uns also bitte einen Betrag nahelegen, den Sie für angemessen halten?«

Schließlich einigen wir uns. Der Kapitän steckt dem Fischer-Ingenieur einen Schein zu, und dieser gibt sofort Ruhe. Alle schütteln sich unter Aufsicht des dänischen Polizisten beziehungsweise Friedensrichters die Hand. Die Szene erinnert an das Ende einer Auseinandersetzung auf dem Schulhof. Ende gut, alles gut.

Da wir schon in Kontakt mit den Gesetzeshütern stehen, nutze ich die Gelegenheit und quetsche den Polizisten aus, der sich das ohne Weiteres gefallen lässt. Aasiaat ist zwar eine Kleinstadt, aber in den letzten Jahren gab es hier mehrere Mordfälle zu beklagen.

»Die Probleme hier haben vor allem mit Drogen zu tun, hauptsächlich Haschisch, und mit Alkoholproblemen. Viel eheliche Gewalt. Letzten Freitag kam eine Frau mit perforierter Lunge zu uns, verursacht durch Schläge ihres Lebensgefährten.«

»Wie schrecklich.«

»Ja, aber die Denkweisen ändern sich, heutzutage werden Fälle familiärer Gewalt öfter angezeigt.«

»Ähm, apropos Alkohol, können Sie uns eine Kneipe empfehlen?«

»Das Nanooq. Aber da hängen nur Säufer rum, geht da lieber nicht hin.«

Kaum betreten wir das Nanooq, richten sich alle Blicke auf uns. Traurige Gestalten mustern uns. Schwankender Gang, schiefe und narbige Gesichter, fehlende Zähne. Wir sind in einem Casting für einen Sergio-Leone-Film gelandet. Das örtliche Gesindel versammelt sich um einen Tisch herum, auf dem Bierkästen stehen. Zwei Kerle schreien sich gerade an, sie sind kurz davor, einander an die Gurgel zu gehen. Frauen verprassen ihre Sozialhilfe an Spielautomaten. Warum sollte man zur Eroberung eines Landes eine Armee entsenden, wenn schon so viele Völker von Alkohol und Spielsucht besiegt wurden?

Der Kapitän ist vernünftig und geht nach einem Bier schlafen. Der Maler, der Erste Offizier und ich trinken ein zweites an der Bar. Der Barkeeper ist ein kräftiger Typ, so einer, der sich mit einem Blick und einem Knurren Respekt verschafft; er scheint die Dinge im Griff zu haben. Fairerweise muss man sagen, dass das Nanooq nicht nur Anlaufstelle von Säufern ist. Hier verkehren Ganoven genauso wie Studenten und Rentner, eine Mischung, die den zwielichtigen Charme dieses Etablissements ausmacht. (Vorher haben wir kurz in einer dänischen Kneipe vorbeigeschaut, der Wirt hat uns erklärt, die Grönländer seien alle Faulenzer, woraufhin wir uns verzogen haben.) Ein Paar um die sechzig spricht mich an. Sie sind viel herumgekommen, haben den Eiffelturm gesehen und sind auf dem Serre Chevalier Ski gefahren; sie freuen sich, mit einem Franzosen reden zu können. Eine Rockband ruiniert erbarmungslos einen Erfolgshit von Tina Turner. Niemand klatscht nach den Songs.

Eine abgewrackte, betrunkene Alte betritt die Kneipe, sieht mich, geht auf mich zu und umarmt mich ohne Vorwarnung. Dann streichelt sie mir die Wange und säuselt unverständlich vor sich hin. Mir fällt es schwer, ihr Verhalten zu erklären. Okay, sagen wir einfach, ich ziehe die absolute Verweigerung vor, denn ich verstehe ihre Beweggründe nur zu gut. Um genau zu sein: In Grönland herrschen ziemlich lockere Sitten. In Kneipen können Frauen ihre Absichten offen zum Ausdruck bringen, ohne dass die anwesenden Männer feindselig reagieren. Vielleicht hat das mit jener alten Inuit-Tradition zu tun, die besagt, man solle seine Frau dem Gast auf Durchreise ausleihen. Noch besser: Eine Gepflogenheit gestattet den ritualisierten Partnertausch. Dabei geht es nicht nur um Sinnesfreuden, sondern auch darum, Allianzen zu schmieden, einander Schutz zu garantieren. Ich weiß nicht, ob das heute noch so praktiziert wird, bei meinen Recherchen bin ich dieser Sache nicht weiter nachgegangen. Außerdem wurde gerade die gleichgeschlechtliche Ehe erlaubt, was auf allgemeine Indifferenz stieß. All das ist ja ganz nett. Allerdings werde ich noch immer gegen die Wand gedrängt von einer Sue Ellen, die aus der Kälte kam und sich nun dazu entschieden hat, mich an der Nase zu kitzeln. Der Maler und der Erste Offizier, diese Feiglinge, stehen lieber etwas abseits herum und feixen, anstatt mir zu Hilfe zu eilen.

Ich möchte sie von mir ablenken und spreche den Gitarristen der Band an, ein bärtiger, zurückhaltender Typ, der sich als guter Musiker über den kulturellen Austausch freut, den unsere Anwesenheit ermöglicht.

»Bist du Franzose?«

»Ja.«

»Ich habe mit Francis Lalanne zusammen gespielt.«

Die Leiden dieses Volkes kennen kein Ende.

Ein junger Kerl, gerade dem Teenie-Alter entwachsen, mit Flaum als Schnurrbart, falsch herum aufgesetztem Käppi und Verbrechergesicht, ruft mir in einem Englisch, das nach den Gettos von Los Angeles klingt, zu:

»Alter, ich bin Dealer. Also verarsch mich nicht. Pass auf.«

»Okay, alles klar. Ist notiert.«

Dann verschwindet er wieder und versucht dabei, gerade zu gehen. Ohne Erfolg.

Vier Minuten später taucht er wieder auf.

»Pass auf. Verarsch mich nicht. Alter, ich bin Dealer.«

»Ja, okay. Das hast du schon gesagt.«

»Keiner kann mir was. Ich bin Dealer. Scheiß auf die Scheißpolizei.« (Im O-Ton: »*Fuck the fucking police.*«)

Wir haben es hier mit einem Einfaltspinsel erster Klasse zu tun. Dieser Jüngling hält sich für The Notorious B.I.G. und wiegt gerade einmal zwanzig Kilo. Er wäre gern der König in seinem Kaff, hat genauso wenig Hirn wie eine Zukunft. Ich schwanke zwischen Geringschätzung (er ist wirklich dumm) und Mitleid (was nicht allein seine Schuld ist). In einem lichten Moment schnallt er, dass seine Einschüchterungsmasche nicht zieht. Fünfzehn Jahre Reisen haben mich gelehrt, einen gefährlichen Zeitgenossen von einem Dummkopf zu unterscheiden, der sich nur aufspielt. Er ändert seine Strategie, um unsere Aufmerksamkeit auf sich zu ziehen, und kommt mit Bier zurück. Er hält mir eins hin. Wir stoßen an.

»Wenn dir jemand Ärger macht, komm zu mir. Ich regle das. Mir kann hier keiner was. Ich bin Dealer.«

»Okay, alles klar. Ist notiert.«

Vor der Kneipe, die sich genau gegenüber der Polizeiwache befindet, wandert ein Joint von Hand zu Hand. Zwei junge Frauen prusten hinter dem Kragen ihrer Anoraks los, zeigen mit dem Finger auf mich und sagen immer wieder »Lizarazu, Lizarazu«. Bitte, die Damen, reißen Sie sich zusammen, ich sehe keineswegs wie Bixente Lizarazu aus, ehemaliger Fußballspieler von Olympique Marseille und Bayern München. Was Drogen mit einem machen. Es ist kalt, ich rauche nicht, ich gehe wieder rein.

Die betrunkene, liebeshungrige ältere Frau lässt nicht locker. Sie schnappt sich meine Nase, bewegt sie hin und her; offenbar fasziniert sie dieser Körperfortsatz. Ihr Imponiergehabe ängstigt mich weitaus mehr als die Angeberei des Dealers.

Ich gehe wieder raus aus der Kneipe, flüchte vor der nordischen Harpyie und ahne nicht, dass mich draußen ein Schauspiel erwartet, das selbst den coolsten aller Abenteurer schockieren würde.

Der Maler und der Erste Offizier, die ich vor fünf Minuten in einem stabilen Zustand zurückgelassen habe, feiern ein wildes Fest-Noz, springen in die Luft, halten sich am kleinen Finger fest und grölen bretonische Lieder, als hinge ihr Leben davon ab, während ein Dutzend höchst verblüffte Grönländer ihnen dabei zuschaut. Ganz bestimmt leiden sie an der polaren Hysterie, die grausame Demenz der Polgegenden hat zugeschlagen, sie sind für uns verloren. Als ich genauer hinsehe, stelle ich fest, dass sie bloß ein bisschen high sind und froh, ihre armorikanischen Traditionen wieder aufleben zu lassen.

Diese Performance trifft auf unerwartete Zustimmung: Das ist die Magie des Tanzes, der ohne Worte auskommt, eine universelle Sprache erschafft und Brüderlichkeit stiftet. Meine Bretonen sind die Stars. Während der folgenden halben Stunde werden Selfies geschossen, denn die Hälfte der Gäste aus dem Nanooq wollen mit uns auf ein Foto. Man gibt uns mehr Drinks aus, als wir trinken können. Wir haben Aasiaat erobert.

KAPITEL 29

Beim Aufwachen Nebel, am Horizont und in meinem Kopf. Der Kapitän gibt mir einen Befehl. Ich soll Wache halten, während die Tänzer aus der Bretagne in den Genuss einer wohlverdienten Pause kommen (sie schlafen ihren Rausch aus). Die See ist frei, keine Eisberge in Sicht. Meine Aufgabe besteht darin, am Ruder zu stehen und es nicht zu berühren.

Das hier ist unsere letzte Fahrt, wir steuern Ilulissat an, den Ausgangspunkt unserer Reise. Die Zielgerade. In dem feinen Sprühregen ist alles eintönig und grau. Ich überlasse mich den Bewegungen der Wellen, ein Teil meines Gehirns driftet ab, der andere ist wachsam. Man kann sich schließlich nicht erlauben, ganz abzuschweifen, wenn man für ein Schiff verantwortlich ist. Fahl geht Stunde um Stunde vorüber, lediglich unterbrochen durch Wachablösungen und Kaffee, den wir literweise in uns hineinschütten.

Am Horizont verändert sich das Grau. Es wird irgendwie heller. Eine einheitliche weiße Linie, die sich gleichmäßig ins Unendliche ausdehnt, so weit das Auge reicht. Eine Mauer. Sind wir etwa bereits in der Antarktis? Haben wir es hier mit dem größten Eisberg der Welt zu tun?

Wir kommen näher. Was sich vor uns abzeichnet, ist kein riesiger Eisberg. Sondern Millionen frisch geschlüpfter Eisberge, Neugeborene, die sich zur Eroberung des Ozeans aufmachen. Eine Armee in dicht gedrängten Reihen. Der Gletscher von Ilulissat spuckt seine Truppen weißer Infanteristen aus, und sie versperren den Weg vom offenen Meer zur Küste. Dieses Gebiet müssen wir durchqueren.

Wir fahren am Rand entlang, verlassen das offene Meer und drängen uns in eine Lücke im Eis. Nun umgibt uns mehr Eis als Wasser. Die *Atka* ist ein Fremdkörper, der sich durch eine Ursuppe aus Konfetti und Bergen bewegt. Ganz langsam. Wir schlängeln uns zwischen den feindlichen Linien hindurch, sind geblendet vom allgegenwärtigen Weiß, dessen Leuchtkraft unseren Orientierungssinn stört. Die Natur schließt uns ein.

Der Maler klettert den Mast hoch, bezieht dort Posten, um den Kurs anzugeben. Hoch konzentriert lösen sich die Seeleute beim Zickzackkurs am Steuerruder ab. Ja nicht in einer Sackgasse landen. Das Segelschiff bewegt sich in Arabesken vorwärts, zu einer Musik aus ständigem Knirschen und Bersten: Der Schiffsrumpf zermalmt die kleinen Eisschollen auf seiner Route zur Küste. Ich bewaffne mich mit einem Bootshaken und stoße die Eisbrocken weg, die uns den Weg versperren wollen. Wir gleiten dicht an Wänden aus Eis vorbei, die wir mit ausgestrecktem Arm berühren können. Unser letzter Tanz mit dem Eis.

Die Seeschlacht dauert fünf Stunden; fünf Stunden voller Anspannung, um ein paar Meilen zurückzulegen. Als wir uns der Küste nähern, bleiben wir im Kielwasser der Fischdampfer, die uns den Weg frei machen. Hinter einer letzten Reihe Monster taucht eine Stadt auf. Das Wasser im Hafen von Ilulissat ist mit einer dünnen Eisschicht bedeckt, die aufbricht, sobald Schiffe einlaufen. Es ist später Nachmittag, Rushhour. In der Hafeneinfahrt staut es sich, manche Fischer haben es eilig, überholen und schneiden uns.

Ein letztes Manöver, und wir legen direkt neben einem anderen Schiff an. Im Schloss dreht sich der Schlüssel, der Motor geht aus, und fast 300 Meilen Seefahrt liegen hinter uns. Ein tiefer, befreiender Atemzug. Wir sind wieder zu Hause, an Land.

KAPITEL 30

Mich überrascht es nicht, als ich erfahre, dass Ilulissat »Eisberg« bedeutet. Diese Stadt zeichnet sich dadurch aus, dass weiße Riesen vor den bunten Häusern vorbeiziehen und sie sogar in den Schatten stellen. Die Eisberge hier sind beeindruckender und zahlreicher als irgendwo sonst. Frisch geschlüpft schieben sie sich vorbei, stammen aus dem benachbarten, berühmten Fjord, der die Massen anzieht.

»Darum kommen die Leute her. Als ich herkam, waren sie noch viel höher. An die hundert Meter hoch. Heute sind es maximal siebzig oder achtzig Meter.«

Silver lebt seit 1980 in Ilulissat und weiß, wovon er redet. Er ist ein kleiner Italiener, mit Schirmmütze, in den Sechzigern, trägt einen grauen, buschigen Schnurrbart und strahlt eine polyglotte Energie aus, die seinem Beruf als Reiseveranstalter zugutekommt. Die Kunden strömen quasi in Scharen in seinen Laden, er hat kaum Zeit, mit mir zu sprechen. Im Laufe der letzten Wochen habe ich vollkommen vergessen, wie es sich anfühlt, in Eile zu sein. Trotzdem nimmt er sich die Zeit, auf meine Fragen zu antworten, denn Italiener sind tolle Typen.

»Seit ich hier lebe, ist der Gletscher um dreißig Kilometer zurückgegangen. Und das geht immer schneller. Auch deshalb kommen die Touristen, sie wollen die Auswirkungen des Klimawandels hautnah erleben.«

An der Wand seines Ladens zeigt eine Satellitenkarte die Entwicklung des Gletschers seit 1850, ein Bild, das mehr sagt als alle langen Reden. Im letzten Jahrzehnt ist der Gletscher rasant geschrumpft.

Als touristisches Highlight von Grönland empfängt Ilulissat jährlich 40 000 Gäste, darunter ein großer Anteil an Kreuzfahrtpassagieren. Das ist viel für einen Ort mit 4500 Einwohnern. Als Silver hier ankam, gab es sechzig Häuser, heute sind es 250. Der Italiener ist damals nach Grönland gezogen, um in Hotels Klavier zu spielen. Er hat sich in das Land und in eine Frau verliebt und ist nie wieder weggegangen.

»Nicht nur die Stadt hat sich verändert. Auch die Menschen. Sie sind nicht mehr so spontan wie damals, als ich herkam. Heute sind sie eigennütziger, Geld bedeutet ihnen viel mehr. Sie haben ihre Schlitten und Kajaks aufgegeben. Ihre Kultur verschwindet. Und tötet man eine Kultur, tötet man auch ein Land.«

In Ilulissat gibt es das derzeit weltweit nördlichste Viersternehotel (mit Zimmern in Form von Iglus und mit Nachhaltigkeitssiegel), außerdem Souvenirläden, Restaurants, Internetcafés (halleluja) und die Zeugen Jehovas, die auf der Hauptstraße Kunden werben wollen. Kulturen, die keine Orientierung mehr bieten, sind ein ertragreicher Jagdgrund für Seelenfänger. Ein Duo skandinavischer Christus-Fans hält mir ein Heftchen hin, und ich greife zu. Ich bekenne mich zu dieser kleinen Abartigkeit: Ich liebe es, mich mit »Erleuchteten« zu unterhalten. Sie informieren uns über die aktuellen Neurosen der Menschheit. Allerdings schwingen diese Missionare genau dieselben Reden wie die zwei Omis von den Antillen, die jeden Samstag bei mir im Viertel Jesus verkaufen. Also halte ich mich nicht länger damit auf. Ich habe Besseres zu tun, als meine Seele zu retten, ich muss Wäsche waschen. Und vor allem muss ich irgendwo ins Internet gehen, um endlich meine E-Mails lesen zu können. Mit dem WLAN-Code in der Hand nehme ich in einem Café Platz. Das Internet lässt mich wissen, dass sich die echte Welt in meiner Abwesenheit weitergedreht hat. Ein ertrunkenes Kind ist die aktuelle Schlagzeile, und mein Auto wurde geklaut.

Da einen die Menschen zur Verzweiflung treiben, schlage ich einen Weg ein, der mich zurück in die Natur bringt. Ich laufe an einem Gelände entlang, auf dem unzählige Hunde einen Höllenlärm erzeugen. Diese Tiere dienen wohl eher dazu, Schlitten voller Touristen zu ziehen, als auf dem Packeis zu jagen.

Der Ort verschwindet, die Tundra erscheint. Schilder klären mich auf, dass ich gerade ein Gebiet betrete, das von der UNESCO zum Weltnaturerbe erklärt wurde. Endlich werde ich den Fjord sehen, für dessen Besuch mir auf der Hinfahrt die Zeit fehlte. Dabei handelt es sich um die Stelle, wo der Eisfjord des Sermeq Kujalleq landeinwärts mündet und wo der Gletscher, der sich weiter stromaufwärts befindet, rund dreißig Meter täglich abschmilzt und zwanzig Milliarden Tonnen Eisberge jährlich produziert. Du bist also der Schuldige – derjenige, der uns all diese Monster geschickt hat. Derjenige, der seine Kinder im Atlantik verstreut und sie manchmal sogar bis zu den Azoren schickt.

Eine Viertelstunde lang laufe ich über die Holzstege, die meine Füße vor dem schlammigen Boden schützen. Ich folge dem Küstenverlauf, und hinter einem Felsvorsprung betrete ich Pluto. Ein Eisplanet. Blöcke, lang gezogen wie eine ganze Stadt, drängen sich aneinander, dicht an dicht, wollen sich einen Weg zum offenen Meer bahnen. Ein vereistes Kafarnaum, ein Chaos, das sich auf einer Fläche unvorstellbaren Ausmaßes ausbreitet. *Guernica on ice*, ein Bild in den Pastellfarben eines Spätnachmittags, das schon bald in der fortschreitenden Abenddämmerung wie in Glut getaucht sein wird; das Zartrosa wird angesichts der kräftigen Granat- und Orangetöne verblassen. Die Eisberge fangen Feuer, und ich auch.

Ich könnte jetzt Begriffe nennen wie »unglaublich« und »grandios«. Oder schreiben, dass ich noch nie etwas so Schönes gesehen habe. Doch das wäre nichtssagend angesichts des Wunders der miteinander verschmelzenden Elemente. Ich habe genug von den Versuchen, die Erhabenheit des Eises in Worte zu fassen. Ich gebe auf. Ich überlasse das Dostojewski, der einem immer hilfreich zur Seite steht. »Die Schönheit, das ist ein furchtbares, schreckliches Ding! Furchtbar, weil sie undefinierbar ist, und definieren kann man sie nicht, weil Gott uns nur Rätsel aufgegeben hat. Da kommen die Ufer zusammen, da leben alle Widersprüche beieinander. Ich bin ein sehr ungebildeter Mensch, Bruder, aber ich habe viel darüber nachgedacht. Furchtbar viele Geheimnisse gibt es! Zu viele Rätsel bedrücken den Menschen auf Erden.«

KAPITEL 31

»Einen Whisky, bitte.«
»Wie hätten Sie ihn gern?«
»Ohne Eis.«

Am letzten Abend geht die erlesene Crew der *Atka* auf einen Drink ins Nalleraq, ein netter Pub, in dem sich das gesamte Nachtleben Ilulissats abspielt. Eine Band aus Qaanaaq im hohen Norden der Insel spielt anständigen, grönländischen Bluesrock mit langen Soloeinlagen. Der Gitarrist, so stämmig wie ein Moschusochse, trägt stolz ein T-Shirt mit der Aufschrift »Inuit« zur Schau, das ich seit meiner Ankunft an jeder Ecke gesehen habe. Eine Gruppe Amerikaner stellt sich in einer Art Kreis vor der Band auf und bewegt sich wild zur Musik; das passiert nun einmal, wenn Leute, die nicht tanzen können, so betrunken sind, dass sie trotzdem gerne tanzen wollen. Es ist die Besatzung der *National Geographic Explorer*, ein Kreuzfahrtschiff, spezialisiert auf ausgefallene Reiseziele. Sie kommen von einer Expedition zurück, die sie bis zum 80. Grad nördlicher Breite geführt hat; also waren sie viel weiter oben als wir. Sie haben etwa fünfzig Eisbären gesehen und freuen sich, während ich vor Neid platze. Mir bleibt nur der Bär auf der Postkarte, die ich im Flughafen gekauft (und übrigens immer noch nicht abgeschickt) habe.

»Wir haben ein Weibchen mit seinem Jungen gesehen. Ein männliches Tier hat sie entdeckt und gejagt«, berichtet die Expeditionsleiterin, eine ein Meter neunzig große Holländerin.

»Und wie ist das ausgegangen?«

»Das Junge war nicht schnell genug, um zu fliehen. Die Mutter hat versucht, es zu beschützen, aber ohne Erfolg. Der Eisbär hat es getötet. Erst ausgeweidet, dann gefressen. Überall auf dem Eis waren Eingeweide und Blut.«

Ich nehme an, die amerikanischen Rentner an Bord des Kreuzfahrtschiffes, welche die niedlichen, vom Aussterben bedrohten Eisbären beobachten wollten, waren nicht auf einen derartigen Anblick gefasst.

»Und wie lässt sich dieses Verhalten erklären?«

»Entweder hatte der Eisbär Hunger oder er wollte seine Stellung als Alphatier sichern und deshalb künftige Rivalen beseitigen. Das kommt vor.«

Die Kneipe schließt. Auf dem Bürgersteig kommen wir mit einer Gruppe junger Grönländerinnen ins Gespräch, die uns eine Fortsetzung des Abends versprechen. Nachdem wir in einem illegalen Laden Deziliter an Bier gekauft haben (denn nach einer bestimmten Uhrzeit ist der Verkauf von Alkohol hier verboten), landen wir in einer neuen, schmucken kleinen Sozialwohnung mit großem Fernseher, in der ein Kajak-Champion wohnt. Junge Frauen schauen sich Fotos von sich selbst auf ihrem Handy an und glucksen dabei. Sie sind Kellnerinnen und tragen enge, knappe Oberteile; eine von ihnen wirft dem Ersten Offizier Blicke zu. Ich denke an ihre Großmütter, die bestimmt ihr ganzes Leben lang in Torfhäusern Robbenfelle gegerbt haben. Währenddessen versucht der Kapitän, bei einem Trinkspiel mit undurchsichtigen Regeln mitzumachen. Wir haben vergessen, etwas zu essen – nie ein gutes Zeichen. Eigentlich will ich gehen, aber eine gewisse K. lässt mich nicht aus ihren Klauen; sie ist fest entschlossen, mir von sich zu erzählen. Sie hat weiche Gesichtszüge, ihr Lächeln ist traurig, die Körperfülle beachtlich und ihre Art zu sprechen so monoton wie die einer Depressiven.

»Eines Nachts bin ich aufgewacht und hab meinen Freund dabei erwischt, wie er meinen Sohn vergewaltigt. Ich bin durchgedreht. Hab mit einem Messer auf ihn eingestochen. Ich wurde verurteilt, musste ins Gefängnis. Jetzt habe ich psychische Probleme. Die Medikamente sind teuer, werden aber erstattet. Wegen denen bin ich so dick. Mir fällt es schwer, Kontakte zu knüpfen. Die Leute mögen mich nicht.«

Was soll man einer Fremden nach so einem Geständnis antworten? Ich erwähne das nicht aufgrund einer Vorliebe für schlimme Geschichten. Inzest ist eine weitverbreitete Plage und gehört zum Bild dieses Landes. Und K.s persönliches Drama steht exemplarisch für jene Missstände, unter denen die Gesellschaft leidet. Daher muss darüber berichtet werden.

Hier wie anderswo ist die Versuchung groß, die Herrlichkeit der Natur – auch wenn sie noch so grausam ist – der Niederträchtigkeit, zu der Menschen fähig sind, gegenüberzustellen. Doch ich gebe dieser Versuchung nicht nach, sondern setze lieber ein bisschen Vertrauen in die Menschheit; aus egoistischen Gründen, schließlich bin ich Teil von ihr. Genau genommen ist Menschsein eine Chance, ungeachtet dessen, was das Wissen um die Stellung des Menschen in der Welt uns auferlegt.

KAPITEL 32

Am nächsten Morgen treffe ich einen dieser Menschen, die einem neuen Auftrieb geben. Ein Hochgebirgsführer aus Chamonix-Mont-Blanc, den wir der Einfachheit halber Bergführer nennen. Sein Lebenslauf kann sich sehen lassen, denn er hat im Alleingang den Nordpol bezwungen (in fünfundfünfzig Tagen), außerdem noch den Südpol (in nur fünfzig Tagen) und den Mount Everest (mit Sauerstoff, viel zu einfach). Die Menschen auf der Welt, die diese dreifache Herausforderung gemeistert haben, lassen sich an der Hand eines Leprakranken abzählen. Heute ist der Bergführer über fünfzig, und nachdem er drei Jahrzehnte dem ultimativen Kick hinterhergejagt war, teilte er das Problem all jener Menschen, die sich ihren Traum erfüllt haben: Was nun? Er hat eine Lösung für dieses Problem gefunden. Er erfüllt die Träume anderer, indem er sie an seiner Leidenschaft für die Arktis teilhaben lässt. Zu diesem Zweck hat er ein Schiff gekauft, auf das er Künstler einlädt. Und ihm den Namen *Atka* gegeben. Diesem Mann, dem ich bis jetzt noch nicht persönlich begegnet bin, verdanke ich es also, dass ich diese einmaligen Wochen erleben durfte.

Es ist höchste Zeit, dass wir einander kennenlernen, und was bietet sich da besser an als ein Spaziergang um einen Eisfjord. Der Bergführer redet, während er von einem Felsen zum nächsten springt. Ich lausche und setze vorsichtig einen Fuß vor den anderen. In Anbetracht seines abenteuerlichen Werdegangs habe ich mir den Bergführer als großen, breitschultrigen Kerl vorgestellt. In Wirklichkeit hat er den Körper eines Hochleistungssportlers – schlank, aber drahtig und kompakt – und strahlt dabei Kraft sowie ungekünstelte Selbstsicherheit aus.

Seine Brötchen verdient er damit, Extremtouren an Kunden zu verkaufen, die oft sehr reich sind und ihrem Luxusleben einen Kick geben wollen, indem sie überall auf der Welt Gipfel erklimmen. Der Bergführer fühlt sich inmitten der Eislandschaft des Himalaja, der Anden oder der Antarktis zu Hause, aber auch im äquatorialen Dschungel. Er erzählt mir von seiner Reise zu den Korowai, ein Stamm von Jägern und Sammlern im indonesischen Teil von Neuguinea. Bis in die 1970er-Jahre hinein hatten diese Menschen keinen Kontakt zur übrigen Welt, und es heißt, sie würden noch gelegentlich Kannibalismus praktizieren. Eine Woche Fußmarsch, um sie tief im Urwald aufzuspüren. Anschließend muss man sich am Eingang des Dorfes auf den Boden setzen und stundenlang warten, bis sie Kontakt aufnehmen.

»Sie leben wie in der Steinzeit, ohne Hilfsmittel. Ihre Hütten sind zwanzig Meter über dem Boden in Bäumen, die Kinder spielen da oben völlig ungesichert.«

Als sich der Bergführer von den Korowai verabschiedete, fragte er sich, ob er ihnen seine Trinkflasche schenken sollte. So eine Flasche ist nicht der Rede wert. Aber sie ermöglicht es einer Familie, Wasser zu speichern, sich lange Wege zu ersparen, und sie vereinfacht den Alltag. So eine Flasche ist etwas Grundlegendes. Aber auch ein technologischer Sprung, der Habsucht und Abhängigkeit erzeugen und die soziale

Ordnung umstürzen könnte. Das ewige Abwägen zwischen den Wohltaten und schlimmen Folgen des Fortschritts. Sind die Inuit glücklicher, weil sie ihre Schlitten zugunsten der Schneemobile aufgegeben haben? Waren wir ohne Smartphones dümmer oder weniger dumm?

Nach langem Abwägen der Vor- und Nachteile hat sich der Bergführer dazu entschieden, ihnen die Flasche zu geben. Und er fragt sich noch immer, ob er das Richtige getan hat.

Heute hat er das neueste Modell einer Drohne mitgebracht, das Geschenk eines seiner vermögenden Kunden. Hübsches Trinkgeld. Aufgeregt wie ein kleiner Junge packt er sein neues Spielzeug aus, das zwei seiner Leidenschaften vereint, denn der Bergführer ist auch ein erfahrener Fotograf und Motorschirmpilot. Er lässt das Ding steigen, schickt es 200 Meter in die Höhe, um die Eisberge zu filmen, bevor er es unversehrt zur Landung bringt. Die Bilder sind atemberaubend. Aus der Luft betrachtet schimmert der Fjord wie eine Diamantenmine. Hier ist man nie sicher vor einer Zugabe für die Augen, auch wenn man glaubt, eine Steigerung an Schönheit könne es nicht mehr geben.

Die Kraft und Ruhe, die dieser Landstrich ausstrahlt, verdecken jedoch die Gefahren, die ihn bedrohen. Im vergangenen Jahrzehnt hat Grönland 200 Milliarden Tonnen Eis verloren. Pro Jahr. 200 000 000 000 Tonnen. In einem Jahrhundert wird dieses Panorama vielleicht verschwunden sein.

Auf dem Montblanc wie in der Arktis sieht der Bergführer die Eisschmelze mit eigenen Augen. Seit zwanzig Jahren ist er auf dem Packeis unterwegs. Er hat mitbekommen, wie es mit der Zeit geschrumpft ist und immer dünner wurde. Der Bergführer ist nah dran, stellt vor Ort fest, wie schnell drastische Veränderungen eintreten, und das betrübt ihn zutiefst. Er jammert jedoch nicht wie alle anderen über das Klima, spielt sich nicht auf als Möchtegern-Ökologe oder anklagender Panikmacher.

»Ich halte Vorträge an Schulen, und da sehe ich, dass man den Schülern nur die negativen Seiten zeigt. Man erklärt ihnen, unser Planet sei am Ende. Ich vermittle ihnen lieber den Gedanken, dass unser Planet schön ist.«

Er steckt seine Energie und sein Geld in diese Projekte in Polargebieten, weil er die Landschaft hier liebt; ihre Pracht und ihre Empfindlichkeit kennt er besser als jeder andere. Und er will zeigen, dass sie es wert ist, gerettet zu werden.

KAPITEL 33

Ich habe meiner erlesenen bretonischen Crew Auf Wiedersehen gesagt. Man sieht sich wieder, in Saint-Malo, in Vanuatu oder nie mehr. Das ist das Schicksal von Reisegefährten, eines Tages gehen sie getrennte Wege. Der Kapitän und der Erste Offizier werden in Frankreich einen Zwischenstopp einlegen, bevor sie auf anderen Meeren weitersegeln. Der Maler und ich haben vor, einige Zeit Winterschlaf zu halten und anschließend unserer Arktiserfahrung eine künstlerische Form zu geben. Und auch wir werden erneut aufbrechen. Was auch geschieht, wir waren einige Tage lang Freunde – einige bedeutungsvolle Tage. Die *Atka* wird ihren Weg mit einer anderen Besatzung fortsetzen und den Winter als Gefangene des Packeises in Rodebay verbringen, bevor ihre Lebensgeister zurückkehren und sie sich ebenfalls auf neue Reisen begibt, um woanders das Eis zu brechen.

Gerade bin ich in Sisimiut (früher Holsteinsborg) angekommen, eine Stadt, deren Name »Siedlung am Fuchsbau« bedeutet. Für mich bedeutet Sisimiut in erster Linie »im Hotel schlafen«. Mein Zimmer ist bescheiden, aber es hat den riesigen Vorteil, ein Zimmer zu sein. Es schwankt nicht. Die Temperatur ist stabil. Man kann überall stehen. Es gibt ein Bett und, mir kommen die Tränen, sogar eine Dusche, und zwar eine echte. (Ich habe von einer Badewanne geträumt, aber wie die Korowai in Indonesien sollte ich zu krasse Übergänge vermeiden.)

Im Restaurant des Hotels serviert mir eine philippinische Angestellte eine zu stark gewürzte mexikanische Pizza. Das ist ihr erster Job hier, und sie weiß noch nicht, ob sie die Minusgrade im arktischen Winter aushalten wird. Vor mir zeigt ein großer Flachbildschirm das Standbild eines Kaminfeuers und verbreitet virtuelle Wärme.

Ich würde gern den ganzen Tag schlafen, aber ich bin mit einer Freundin der isländischen Dichterin verabredet, die ich in einer Bar in Nuuk getroffen habe, vor drei Wochen, vor hundert Jahren.

Vor elf Jahren ist Malene nach Sisimiut gezogen. Seit ihrer Kindheit in Dänemark, wo sie geboren wurde, reifte dieser Traum in ihr. Sich ein Leben im Freien aufbauen, mit Schlittenhunden, um auf die Jagd gehen zu können. Sie war in Grönland verliebt und heiratete einen Grönländer. Er ist gestorben. Sie ist geblieben.

Malene ist blond, um die vierzig, sie besitzt ein schönes Haus, eine Gitarre, einen unglaublich modernen Massagesessel und ein Dutzend Karabiner, von denen einige mit Schalldämpfern ausgestattet sind. An einer Wand entdecke ich das eingerahmte Bild eines Hundes, der sicher nicht mehr lebt. Auf einem Billardtisch liegt der Schädel eines Walrosses, daneben der Rundbrief der Zeugen Jehovas.

Der authentische Charakter von Sisimiut, der zweitgrößten Stadt des Landes, hat es Malene angetan. Nicht so hauptstädtisch wie Nuuk, nicht so touristisch wie Ilulissat. Wir sind auf Höhe des Polarkreises. Hier liegt die Eisgrenze, das

Packeis reicht im Winter nicht weiter nach Süden. Somit liegt hier auch die Grenze für die Schlittenhunde.

»An diesem Ort gibt es noch eine echte Verbindung zur Natur.«

Die Dänin kann stundenlang über die traditionelle grönländische Lebensweise reden. Wehmütig hängt sie einer Welt nach, die sie selbst nie kennengelernt hat.

»Damals hatte eine Frau einen guten Ruf, wenn sie die Kleidung des Mannes so eng anliegend nähen konnte, dass die Kälte da nicht durchdrang, wenn er zur Jagd ging. Das war einfach eine Frage des Überlebens.«

Malene trägt eine Jacke aus Robbenfell (ich weiß nicht, ob sie selbst genäht ist). Ich habe noch keinen Grönländer in so einer Jacke gesehen. Die Grönländer sind wie alle anderen; sie kaufen Jacken made in China.

»Sobald man Menschen ein Messer gibt, die vorher keins hatten, geht es mit der Kultur bergab«, fährt Malene fort.

Da wären wir wieder beim Trinkflaschen-Dilemma.

»Andererseits: Soll man weiterhin mit dem Kajak fischen gehen, wenn es Motorboote gibt? Nein. Wir müssen da ein Gleichgewicht finden. Wir sind sehr begabt, wenn es um Anpassung geht.«

Da fällt mir auf, dass Malene, wenn sie von den Grönländern spricht, »wir« sagt.

Wir spazieren durch Sisimiut, über Hügel mit Holzhäusern und Sozialwohnungen. Die Stadt ist auf den Hafen ausgerichtet, das Zentrum der wirtschaftlichen Aktivität. Das soziale Leben findet in einem Kultur- und einem Einkaufszentrum am Ufer eines kleinen Sees statt, wo dieses Wochenende ein Stadtfest gefeiert wird. Karussells, Unterhaltungsprogramm, Konzerte. Eine Folklore-Band aus der Inneren Mongolei wurde eingeflogen, und das ist kein Zufall. Dieser Programmpunkt verdeutlicht die feste Absicht der Grönländer, eine Verbindung zu ihren – in diesem Fall sehr fernen – Ursprüngen herzustellen. (Es sei daran erinnert, dass die Vorfahren der Arktisbewohner vor zwölftausend Jahren aus dem Fernen Osten kamen.) Auf Fotos, auf denen Mongolen und Grönländer zusammen zu sehen sind, ist die Nähe der Phänotypen, die Ähnlichkeit der Gesichtszüge verblüffend. Entfernte Cousins.

Der unvermeidliche hiesige Säufer baut sich vor uns auf und führt Selbstgespräche. Malene gibt sich grönländischer als ein Grönländer und urteilt hart. Ihr zufolge sind die sozialen Probleme der Einheimischen zurückzuführen auf deren Unfähigkeit, vorausschauend zu denken, denn sie neigen dazu, einfach in den Tag hineinzuleben, unterstützt durch den Wohlfahrtsstaat.

»Das Problem liegt in der Vermittlung. Früher galt das Prinzip ›Ich brauche‹. Heute gilt allein ›Ich will‹. Man zeigt den Kindern nicht mehr, wie man das Überleben sichert.«

Apropos Überleben, sie muss nach Hause, denn die Hunde müssen gefüttert werden. Kein einfaches Unterfangen. Ihre Meute besteht aus dreizehn Hunden, sieben Rüden und sechs Hündinnen.

»Wenn ich schon mal einen Mann an der Hand habe ... Du kannst mir helfen, die Kanister zu tragen.«

Ich bin soeben in eine alte Inuit-Falle getappt. Ich schleppe Dreißig-Liter-Kanister mit Wasser, die mir den Rücken kaputt machen und meine einzige saubere Hose einsauen, inmitten einer Horde wild gewordener Hunde (ich bin sicher, das sind Wölfe), die mich wütend anbellen. Dazu muss man wissen, dass ausgehungerte Hunde bisweilen Menschen fressen. Deshalb sind sie angebunden. Man muss auch wissen, dass ich ein bisschen Bammel vor großen Kötern habe. Das sage ich Malene nicht, dafür bin ich zu stolz. Diese Frau knallt zum Frühstück Walrosse ab, sie wird mich für ein Weichei halten, wenn ich vor ihren Wauwaus zurückschrecke. Ich gehe auf leisen Sohlen (gar nicht so einfach mit einem Dreißig-Liter-Kanister in der Hand) und versuche, mir nichts anmerken zu lassen. Vergebliche Liebesmüh, Malene ist Jägerin, sie kann die Verhaltensweisen von Säugetieren deuten.

»Hab keine Angst, ich bin ja hier.«

»Ich hab doch keine Angst. Ich hab keine Angst.«

Ich lüge, während ich diesen einen jungen Rüden mit irrem Blick nicht aus den Augen lasse, der mich ganz offensichtlich in Stücke reißen möchte, damit sein Speiseplan abwechslungsreicher wird. Wir verteilen Trockenfutter und Fleischstücke von Robben, die zu diesem Zweck erlegt wurden. Malene nimmt sich ein bisschen Zeit, um mit ihren Lieblingen zu sprechen.

»Ich liebe sie, und sie lieben mich«, versichert sie mir.

»Was macht einen guten Schlittenhund aus?«

»Ein guter Hund kennt seinen Platz und verlässt ihn nicht.«

Ich lausche Malenes Ausführungen über die komplexe Hierarchie unter Hunden. Der älteste Rüde, das Leittier, übergibt seine Führungsrolle gerade an seinen Sohn (der mit dem irren Blick). Er ist zwar immer noch der Boss, tritt jedoch langsam zurück, Schritt für Schritt.

»Nur er darf mich anspringen.«

»Ähm, und warum?«

»Um zu zeigen, dass er mir der Liebste ist. Aber das echte Leittier der Meute bin ich.«

Diese alleinstehende Frau ist eine erstaunliche Persönlichkeit, die es sich zum Ziel gesetzt hat, die Bräuche einer Welt zu erhalten, in der sie nicht aufgewachsen ist. Sie ist kein Einzelfall. In Grönland gibt es ein paar Menschen, die so denken wie sie; Europäer auf der Suche nach Ursprünglichkeit, die hier ihren Platz gefunden haben, auf der Flucht vor der Konsumgesellschaft und der Sackgasse, in die sie führt. Die Grönländer in den Städten hingegen streben mehrheitlich nach mit der Globalisierung verbundener Modernität und riesigen Flachbildschirmen. Eine ironische Parallele.

Zwei Tage später habe ich noch einmal bei Malene angeklopft, um mich vor meiner Abreise von ihr zu verabschieden. Ich habe sie nicht angetroffen. Sie war auf der Jagd.

KAPITEL 34

Oft sehe ich Autos hier ankommen, am Stadtrand. Sie fahren bis ans Ende der Straße und dann sofort wieder zurück. Sie drehen sich sozusagen im Kreis.«
»Vielleicht kämpfen sie so gegen die Langeweile an.«
»Ja, das wird es sein. Das glaube ich wirklich.«

Ich sitze mit einem Mann im Auto, dessen Beruf darin besteht, die Zukunft zu verbessern. Er heißt Tue, ist freundlich, kommt ursprünglich aus Dänemark und leitet eine Einrichtung für sich selbst überlassene Kinder und solche, die man ihrer Familie wegnehmen musste. Das ist ein heikles Thema; eine Ursache für das in Grönland herrschende Unbehagen sind die erzieherischen Versäumnisse.

»Im Sommer sieht man hier Fünfjährige um drei Uhr morgens ohne Aufsicht auf der Straße. Gerade in den sozial schwächsten Bevölkerungsschichten denken viele Eltern nicht mal dran, ihre Kinder irgendwie zu erziehen.«

Für Tue liegt das Grundproblem in der auf Verstädterung ausgerichteten Politik Dänemarks, welche die traditionelle Gesellschaftsform zerstört hat.

»Für die Grönländer ging es von den Iglus direkt in die Betonklötze. Auf einen Schlag wurde das Leben hier komplett neu gestaltet. Zu schnell und zu brutal. Ein System auf ein anderes zu stülpen, das funktioniert nicht. Unsere europäischen Gesellschaften haben Jahrhunderte gebraucht, um das zu werden, was sie heute sind. Die Grönländer haben in doppelter Hinsicht verloren. Sie verfügen nicht mehr über die traditionellen Überlebensstrategien. Und die meisten von ihnen haben sich noch nicht jene der heutigen Welt angeeignet.«

Tue parkt den Geländewagen vor seiner Einrichtung und führt mich herum. Die Anlage ähnelt einem Internat, mit Hobbyräumen und Werkstätten. Er kümmert sich um etwa zehn Jugendliche, denen er das nötige Rüstzeug mitgeben möchte, um wieder ein normales Leben führen zu können.

»Im Grunde ist das hier eine psychologische Notdienststation für Kinder, die traumatische Erlebnisse hinter sich haben.«

Ich würde gern mit den Kindern sprechen, aber Tue kann sie mir nicht vorstellen. Er möchte sie nicht vorführen, und er hat recht.

»Da sind schwere Fälle dabei. Ein Junge hat hier im Heim Feuer gelegt, als er ankam. Während der ersten drei Monate wollte er mir nicht einmal Hallo sagen. Jetzt erzählt er mir von seinem Tag.«

Tues äußeres Erscheinungsbild passt perfekt zu seinem Job: Er sieht aus wie der Ersatzvater einer kinderreichen Familie. Breite Schultern, die Schutz bieten, eine natürliche Autorität, ein gutmütiges Lächeln und eine positive Ausstrahlung. Dieser Mann, der sich um die Kinder anderer kümmert, wird bald selbst Vater. Tue stellt sich der Wirklichkeit, egal, wie hart sie auch sein mag. Er ist in keiner Weise naiv, sondern ein Optimist, der an sein Tun glaubt. Seit anderthalb

Jahren macht er diese Arbeit, und er ist fest entschlossen, etwas zu bewirken. Er zeigt mir den Hundezwinger, den er mit den und für die Jugendlichen bauen lässt. Er setzt auf die positiven Effekte von Beziehungen zwischen Mensch und Tier.

»Unsere Kinder verstehen sich besser mit Tieren als mit Menschen. Tiere enttäuschen sie nicht. Sie stammen aus Familien, in denen häusliche Gewalt zum Alltag gehört. Tiere haben ihnen nie wehgetan. Sie urteilen nicht über sie. Wenn sie sich um die Hunde kümmern, übernehmen sie für jemanden Verantwortung.«

Der Umgang mit den Hunden ist auch eine Möglichkeit, zu ihrer verlorenen Identität und zur Kultur ihrer Vorfahren zurückzufinden und ihnen zu zeigen, woher sie kommen, damit sie wissen, wer sie sind. Damit sie eine Perspektive haben. Und vielleicht eines Tages wissen, wohin ihr Weg geht.

Wie wird sich Grönland entwickeln? Das Land weiß es selbst noch nicht so recht. In den vergangenen Wochen habe ich ein Beinahe-Land im Schwebezustand zwischen zwei Epochen kennengelernt. Hier lebt ein altes Volk in einer unbestimmten Gegenwart und versucht, für sich eine Zukunft zu finden. Grönland verharrt am Scheideweg der eigenen Geschichte, träumt von einer Unabhängigkeit, die nur schwer zu bewältigen wäre. Es ringt mit Identitätsfragen, hält einerseits die Kultur der Inuit hoch und gibt andererseits die Dinge auf, die diese Kultur ausmachen. Ein Erbe, das sich unter den verlockenden Strahlen der Moderne auflöst wie Eis. Das mag man beklagen. Aber das ist in erster Linie ein westlicher Reflex: eine Kultur bewahren zu wollen, vor allem, wenn es sich dabei um die Kultur anderer handelt, sie in einem erträumten, unverdorbenen Idealzustand einzufrieren.

Ein Einwohner der Hauptstadt fasst das derzeitige Dilemma wie folgt zusammen:

»Wollen wir ein Museum oder ein modernes Land werden?«

Die Welt um Grönland herum verändert sich in jeder Hinsicht. Stillstand ist keine Option. Diese Insel inmitten von Herausforderungen, denen sie nicht gerecht werden kann, beansprucht ihren Anteil an der Zukunft. Um diese aufzubauen, hat sie einige Trümpfe in der Hand. Die Nation im hohen Norden hat noch nicht eindeutig Stellung bezogen. Die Vorstellung, das Land der Mitternachtssonne werde an einer glänzenden Entwicklung teilhaben, ist jedoch alles andere als abwegig.

Ganz allein gönne ich mir einen letzten Spaziergang durch Sisimiut, ohne zu wissen, wohin ich gehe. Ich komme an einer Buchhandlung vorbei. Sag mir, was du liest, und ich sage dir, wer du bist. Auf dem Bestseller-Tisch sticht mir ein Buch ins Auge. Auf dem Cover eine junge, nackte Grönländerin, die eine Banane isst, über ihr der Titel *Homo sapienne*. Ein provokatives, aber nicht anstößiges Bild. Der Roman ist zwar auf Grönländisch geschrieben, seinen Aufbau kann ich aber trotzdem annähernd erkennen. Viele Dialoge, Erzählpassagen im SMS-Format, sehr zeitgemäß. Ich erkundige mich beim Ladenbesitzer. Die Autorin, Niviaq Korneliussen, ist eine fünfundzwanzigjährige Grönländerin und lesbische Aktivistin. In ihrem Buch steckt viel Wut; sie prangert die Kindesmisshandlungen an, geißelt die postkolonialen Wehklagen und die Apathie ihrer Landsleute. Der Erfolg des Jahres. Eine Art Ufo auf dem Buchmarkt, das zum gesellschaftlichen Phänomen wurde. Und der Beweis, dass sich in diesem Land etwas tut. Künstler tragen immerhin die Vorzeichen eines Umbruchs hinaus in die Welt.

Niviaq Korneliussen hat außerdem einen Text zu einer Sammlung futuristischer Kurzgeschichten beigesteuert, an der etwa zehn junge Autoren beteiligt waren. Das Buch heißt *2040* und ist die Stimme der gebildeten, urbanen Jugend. Eine Goldmine, wenn es darum geht, den grönländischen Zeitgeist zu erfassen, und eine Quelle, die ich selbst nicht ausschöpfen kann. Zum Glück war Maasi Chemnitz – ein blonder Student mit blauen Augen, mit dem ich in Nuuk einen Kaffee getrunken habe – so freundlich, *2040* für mich zusammenzufassen; er hat an der Sammlung mitgewirkt.

In einer der Geschichten ist Grönland ein Ölland unter der Leitung einer nationalistischen Partei, in einer anderen wird es von einem europäischen Diktator angeführt. In den Texten geht es um Epidemien, sexuelle Gewalt, neue Technologien, Alkohol, soziale Ungleichheit und Liebe. Sie kombinieren globale Ängste mit lokalen Sorgen. Fragen zu Umwelt und Klima tauchen bemerkenswerterweise nicht auf.

»Unter den zehn Kurzgeschichten findet sich nur eine optimistische«, schließt Maasi seine Ausführungen.

Diesen literarischen Pessimismus muss man relativieren. Futuristische Werke gehen meist in Richtung Dystopie, Fiktion generell zieht Geschichten über die Zukunft mit Happy End vor. Klar, diese jungen Grönländer zeichnen eine ungewisse Zukunft. Ich dagegen sehe eher die Tatsache, dass sie zum ersten Mal überhaupt über ihre Zukunft schreiben.

KAPITEL 35

Dieser letzte Tag meiner Reise erinnert mich stark an den ersten.

Ich sitze sechs Stunden in Kangerlussuaq fest, immer noch ein internationaler Flughafen mitten im Nirgendwo. Paris ist immer noch vier Stunden, fünfundzwanzig Minuten entfernt, der Nordpol drei Stunden, fünfzehn Minuten. Das Schild mit diesen Angaben hat sich nicht bewegt, das Raum-Zeit-Kontinuum ist nicht zusammengebrochen, während ich in der Arktis herumspaziert bin. Die Temperatur ist kaum kühler als letzten Monat an demselben Ort. Der Moschusochsenburger steht noch immer auf der Speisekarte des Flughafenrestaurants. Dieselben Angestellten wachen über den Souvenirladen und den Duty-free-Shop. Dieselben Ständer mit denselben Postkarten.

Dieses Bilderbuch-Grönland habe ich nicht gesehen. Als Sommerreisender bin ich nicht übers Packeis marschiert. Als Seereisender habe ich nicht die Polkappe berührt. Als Reisender von heute habe ich kein Iglu gesehen. Ich konnte keine Eisbären beobachten. Aber dafür habe ich zwei oder drei Eisberge zu Gesicht bekommen.

Beinahe ohne Übergang bin ich von der rauen Schönheit des Eismeeres in die weiche Behaglichkeit einer Wartehalle gelangt. Ich befinde mich im Schwebezustand, bin ein Reisender im Transitbereich, befallen von der Schizophrenie der Rückkehr. Glücklich, in sein früheres Leben zurückzukehren, gleichzeitig frustriert, ein Land zu verlassen, von dem er nicht jede Ecke gesehen hat, und voller Dankbarkeit für all das, was ihm gegeben wurde.

Ein Tourist vertreibt sich das Warten, indem er den Postkartenständer dreht. Und da sehe ich ihn. Den Eisbären. Auf dem Packeis. Der »Welcome to Greenland« ruft. Die Postkarte, die ich einige Wochen zuvor erstanden habe und seitdem mit mir herumschleppe. Ich krame in meinem Gepäckchaos und finde sie endlich, irgendwo zwischen schmutzigen T-Shirts, einer Stirnlampe und einem Buch über Ethnologie. Meine Karte ist etwas mitgenommen, aber noch zu gebrauchen. Nun soll sie doch zum Einsatz kommen.

Ich schnappe mir meinen Stift und mache mich daran, auf ihr die Geschichte meiner nordischen Abenteuer festzuhalten. So sage ich Danke. Indem ich die Wirklichkeit weitergebe, wie ich sie ansatzweise erfasst habe, bei meinem flüchtigen Eintauchen in die Seele des Landes. Und das beginnt so: »Einige Meter entfernt steht der Bär auf seinen Hinterbeinen und rührt sich nicht. Beim Anblick des obersten Glieds in der Nahrungskette halte ich den Atem an; das ist das Mindeste, was man tun kann, wenn man den König des Packeises anstarrt.«

Natürlich ist eine Postkarte viel zu klein. Zu schmal, um solch ein Land in seiner Größe, in seiner Schönheit darzustellen. Also bin ich gezwungen, das Erlebte auf dieses Buch auszuweiten.

Einige Zeit später schreibe ich den letzten Satz dieses großformatigen Briefes und schicke ihn ab. Ich hoffe, er ist gut angekommen.

Dank

Der Autor möchte all jenen danken, die dieses Abenteuer ermöglicht und sein Vorhaben unterstützt haben: dem Team von Éditions Guérin Paulsen, François Bernard, genannt Ben, und auch Nicolas Dubreuil.

Außerdem möchte der Autor alle Personen aus diesem Buch fest umarmen, insbesondere den Kapitän Maxime Dreno, den Ersten Offizier Brieuc Delbot und den Maler Gildas Flahault.

Das Eis brechen wäre nicht möglich gewesen ohne die Frau, die mich dahinschmelzen lässt, Aurore Gonnet.